U0546547

日本長照
堅持的服務

龍岡会の考える介護のあたりまえ

作者・大森順方
監修・張瑞雄
翻譯・楊佩蓉、蔡政洲

目次 content

推薦序 … i
導讀與推薦 … vi
前言 … xxii

Chapter 1 我們的實踐
首次誕生於山手線電車的介護老人保健設施 … 2
傳承與創新 … 4
勇於踏入灰色地帶 … 6
描繪家庭風景 … 8
貫徹到底的現場主義 … 10
懷抱夢想 生活吧 … 12
高齡化並不是「問題」 … 14

Chapter 2 傳承龍岡會三十年來的關鍵
1. 只存在於圖面上的線 … 20
2. 無隔閡的服務關係 … 22
3. 乾淨明亮的白色 … 24
4. 簡潔原始的美 … 26

5. 高質感的門面設計　　　　　　　　　28
6. 溫馨舒適的放鬆氛圍　　　　　　　30
7. 引人入勝的窗外視野　　　　　　　32
8. 導入溫和內斂的光線　　　　　　　34
9. 融入而不突兀的空間設計　　　　　36
10. 無障礙易通行的電梯規劃　　　　　38
11. 雙向可開的安全門　　　　　　　　40
12. 可長期使用之素材　　　　　　　　42
13. 露臺烤肉　　　　　　　　　　　　44
14. 靜態空間、動態空間　　　　　　　46
15. 不近不遠、適當的距離感　　　　　48
16. 北歐家具的秘密　　　　　　　　　50
17. 不論到何處都有休憩的位置　　　　52
18. 簡潔明瞭的室內動線規劃　　　　　54
19. 泡澡是日本的文化　　　　　　　　56
20. 腦中可感受到鮮味的飄散　　　　　58
21. 吃的三十秒規則　　　　　　　　　60

目次 content

22. 好吃的東西就是要跟大家一起吃	62
23. 照護飲食的革新	64
24. 豐盛的一餐	66
25. 職員是藝術家	68
26. 護理科學 ＝ 尋求答案	70
27. 實現各個小小的夢想	72
28. 出門的另一個目的	74
29. 連結地區性的特色	76
30. 照護無國界	78

Chapter 3 探訪：職員介紹

照護部門	82
諮商部門	90
企劃部門	94
營養部門	98
藝術部門	102
醫療相關方面	110

職員的海外研習 114

Chapter 4 設施介紹
龍岡老人照護中心 118
淺草老人照護中心 120
櫻川老人照護中心 122
神石老人照護中心 124
千壽老人照護中心 126
千壽護理之家 128
早稻田護理之家 130
青葉之丘（老人養護中心） 132
The 番町 House・番町集體之家 134
小石川複合設施 136

推薦序

生老病死是人生之常態也是每個人都會經歷之事。作為世界平均壽命第一的日本，女性87.45歲、男性81.41歲（2020年）。亦即日本已進入少子超高齡人口減少的社會。在高齡化（65歲以上人口占總人口的比例）是世界第一，高達28.7%（2020年）達3,617萬人的老人社會。男性平均有9.13年，女性平均有12.68年的時間是需要有人照顧的期間。

臺灣也將於2025年邁入超高齡社會，而少子化的程度比日本更為嚴重，世界倒數第一，已是嚴重的國安問題。因此，未雨綢繆，避免重蹈覆轍，如何借鏡長照先進國家日本的經驗，採取有效的對策，既能維持社會的活力又能建構健康長壽社會，是非常重要且亟待解決的課題。

日本於2000年實施《介護保險制度》。其理念為長照應由社會全體支持負擔，以民胞物與、互助愛人之精神，用全民的力量共同來建構一個每位國民都可以尊嚴安心養老的健康長壽社會。當然政府的責任更是責無旁貸！

由於和本書作者：日本社會福祉法人龍岡會大森順方理事長是舊識好友，也一直受大森理事長的照顧和指導，對長照才有更進一步的認識和瞭解。也啟發個人想更深入瞭解日本的長照制度和實際的運作。希

望將日本先進的長照觀念科技引進國內，提供國人在思考規劃實踐長照服務時，可更符合長者需求，在人性化的創新想像和思維盡上棉薄之力。

本書作者大森順方理事長生長在醫生世家，父親和祖父都是東京大學畢業的醫生，祖父更是東京電機大學的創辦人。高中畢業後即赴美留學哈佛大學接受該校獨特的教育理念──培育並啟發具自由市民之思想與素養。回國後即創辦了東京山手線上第一個長照機構，該書主要在闡述龍岡會所堅持的長照機構的經營理念和具體的實踐。

大森理事長為貫徹龍岡會所堅持：作理所當然、對的事情之原則，秉持長照事業是基於博愛及融合科學、藝術，富有溫暖的服務產業之經營理念──為實現敬老及在地老化，讓長者都能安享充滿笑容與尊嚴的樂齡老後生活。因此，龍岡會努力實踐：一、提供適合個別需求的照護服務；二、身心靈得以療癒真心誠意的照護服務；三、終生可以託付安心的照護服務。

基於此理念，實踐關於龍岡會之經營層面，更貫徹於客人之長照服務中。

面對未來人生100年時代的長壽社會，有許多令人充滿希望和期待之事。但同時有許多亟待解決的問題和課題！（臺灣每年有13.5萬人因照顧而離職，有30萬的失智症患者）。反觀日本政府提出「零長照離職」的社會政策。而其具體積極的作為是大力支持長照機器人的研發。

有機會和大森理事長參訪母校筑波大學尖端創新綜合研究中心（サイバニクス）。山海義之教授所研發的長照機器人，裝上長照機器人輔具復健，半年後原本坐輪椅的長者，竟然可以站立自行活動。此外，也一起拜會日本國會參議院勞動委員會そのだ修光委員長（長照團體的不分區國會議員）請益，更深入瞭解日本長照保險制度和實際的運作。日本銀髮相關產業預估是100兆日圓的經濟規模。因此，長照服務不僅是社會福利，更有龐大的商機。如何引進民間和企業的力量建構提供優質的長照服務，是臺灣社會亟待努力的重要課題。

長照是你我每個人都會面臨的問題。更是個人、家庭、企業、國家都需要認真思考和積極面對的課題。距離2025年臺灣即將邁向超高齡社會，顯然所剩時間不多了！希望藉由本書的出版，讓更多關注此課題的所有有心人「起心動念」，在眾人以為美善的事上一起加油努力！

臺灣有全世界稱羨的「全民健保」制度美譽外，在長照事業上「日本能」，臺灣有何不能！深信善良有愛心孝心的臺灣人一定可以在長照服務的事業上「他山之石」以日本為師，己所欲、施於人，集思廣益、形成全民共識、眾志成城開創有前瞻性文明幸福社會的指標——「健康長壽尊嚴安心養老」的祥和社會。再創臺灣驕傲，成為華人社會的典範！

張瑞雄

社團法人臺日經貿文化交流協會理事長
日本國立筑波大學產業社會學博士
國立高雄科技大學應用日語系教授
臺北市政府市政顧問

大森順方理事長（左）與張瑞雄教授（右）合影。

導讀與推薦

透過本書，您可以瞭解龍岡會的理念和經營方針，具體的經營內容，以及各長照機構建築設計的基本概念以及員工的活動。作者是大森順方理事長，即醫療法人龍岡會‧社會福利法人龍岡會理事長、龍岡會創辦人，以下將以「作者」一詞稱呼之。

龍岡會的創立有其歷史淵源，而經營理念特別深受大森理事長祖父執業醫院所影響，正因龍岡會有其歷史淵源，故可說它是具備「溫故而又知新」的社會福利機構。

相對於「溫故」而在「知新」上，作者所接受的影響，很大程度上歸功於美國留學期間的學習、研究和體驗。雖未於本書提及，但依其他資料顯示，作者曾於美國留學，並在當地接受「博雅素養」（liberal arts）的教育薰陶。「博雅素養」在日本的大學裡通常被視爲「通識教育」，是因日本第二次世界大戰後將大學定位轉變爲「全人格發展教育」的教育宗旨，亦即在進入專業領域學習之前，透過廣泛學習各界的學科，期能提升其品格和素養。但隨著時間推移，原本的意涵卻逐漸淡化，並開始出現輕視通識教育的傾向，在大學更追求專業化的情況下，所謂「教養」的含義也僅轉變爲狹隘的「通識教育課程」。故「博雅素養」也開始被解讀爲如上含義。

然而，美國的「博雅素養」則是強調學習的自由性、創造力、獨立自主性，與領導力的學科，和當時日本的「教養」教育相比，作者在美國所學習的「博雅素養」更具高度系統性的邏輯教育。雖然在日本也有美式「博雅素養」思維體系的大學，但只有少數。

我們可以確信作者在留美期間由「博雅素養」的實際體驗中學到了以下幾點，亦即自由、多元、平等及公平、相互尊重、創新、獨立自主、創業家精神、理論與實踐、務實主義等。

在營運上，正如第一章所闡述的「貫徹到底的現場主義」、「懷抱夢想生活吧」，以及不畏懼老化、保有樂觀積極快樂的生活意識。此兩項也體現了員工的性情及其對長照工作該具備的服務態度和實際活動狀態。

不單僅有構想，書中也具體闡述營運狀態，如第 2 章中所闡述龍岡會的 30 個關鍵詞、第 3 章中記錄著工作人員的努力（採訪），最後是每個長照機構的環境狀態與概要說明。

第 2 章主要闡述作者在第 1 章中提及如何體現其自身的經營理念與構想，包括明亮寬敞的空間、無需敲門即可互動交流的房間和公共區域，以及執行長照業務的相關廳室，並且考慮易於客人自在應對的環境佈置。作者試圖擺脫從前老人安養院給人的陰暗印象，而將所勾劃的構想具體實現，相關內容皆可透過本書瞭解。

從進入大門玄關起就可感受到美妙的氛圍，還有「大窗戶」、「窗外的風景」、「柔和的光線」、出入口相通的電梯、「可推拉開的門」，描述關於機構建築等 30 項設計、管理系統等，讓客人可以舒適地安養，例如便於休憩的動線設計、易於理解的標誌、美味並愉快的用餐（豐盛的飯菜）等想法。基本設計是為了充分利用傳統和現代元素，例如「一座不像福利機構的建築」、「與現代建築相融」和「保存日本文化」。除了讓護理人員吸收獨創的新知識，亦對員工進行了海外培訓，這些都是第 3 章談及員工的熱情相關的項目。

第 3 章透過對實際擔任服務客人工作的員工進行採訪來瞭解實際情況，同時對各個部門進行概述。

例如，看護部門回應客人的要求，舉辦前往新潟進行一日遊的觀賞煙花旅遊活動。其他部門也一樣竭盡所能滿足客人的要求並付出努力和用心規劃，盡可能地滿足客人的需求。雖然可能會有風險，但工作人員會努力避免此風險。龍岡會對工作人員而言是具工作意義的職場。這從第 3 章針對工作人員的採訪內容中就可以感受到。此外，關於工作人員體系化的說明如下。

作為長照機構窗口的諮詢部門，負責讓客人無論是居家或入住長照機構都能得到所需的妥善照護服務。譬如進行和機構內外必要的專家；如醫生、物理治療師等進行聯繫協調諮商。

這篇文章蘊含著幾個龍岡會的特色。龍岡會重視在長照機構的照護，同時也著眼於居家照護。客人如果能夠自立的話，也渴望可以返家療養。如能達成也有助益精神上的復健。但是現實上並非所有人都能遂其所願，當然也絕對不會強要客人必須返家。在這點上龍岡會的基本構想也發揮了作用。此外，還加強與各專門部門的體系化、加深和充實咨詢的功能。這些措施的綜合應用會帶給客人很大的安心感，這也是長照的核心重點。

員工所屬的每個部門之外也有一個「藝術部門」。這也是有龍岡會特色的部門。當然，其他的長照機構也實施藝術之類的活動。但特地成立「藝術部門」會感覺到他的特色。和客人的年齡有關，有很多試圖保留自己存在價值的作品，製作過程不僅有趣，也是確認自己還活著的時間。藝術不僅是自己創作，也包含欣賞和聆聽各種作品。

而且，龍岡會的建築做為長照機構整體上可說是藝術，連膳食料理也是藝術。作者至今為止也實現了這個構想。而且，包括客人和工作人員也懷抱豐富、高滿意度的心情積極推展藝術的意願。藝術活動不僅是客人和工作人員的活動，像舉辦展覽會一樣，也是讓客人的家人認識到共同參與的重要活動。

龍岡會的另一個重要的特徵是「醫療」，如前所述，龍岡會成立的前提是始於「大森醫院」。有長照和醫療兩個部門，大森醫院的院長同時也是龍岡會保健養護機構的院長。這樣的相關連結也給客人很大的安心感，同時，它的優勢在於能夠隨時提供醫療方面的支援給長照。長照和醫療就如同汽車的兩個輪子，然而同時配備這兩個輪子的長照機構卻很少。

第三章之前可以明確瞭解掌握諸如理念、構想和具體展開的內容。第三章之後以資料的形式，概述了龍岡會運營的機構。雖然每個機構各有各的特色，但都充分發揮了上述的理念和構想，具體發揮了「前言」中所揭示的「三個龍岡主義」。亦即是「適合每位客人不同需求的照護」、「療癒心靈誠心誠意的細膩照護」、「永遠值得信賴的終生安心的照護」。

從這本書可以瞭解美國的現代、合理的體制和創業精神，以及在此基礎上再加上日本文化的優點，還有促使龍岡會的構想能琢磨精煉的力量。也確信並衷心期待龍岡會今後有更加精進發展的可能性。

在今後的方向性中，雖然有點舊了，但是2006年11月1日制定的國際規格"ISO26000"「關於《社會責任的指南》」（Guidelines）和在2015年的聯合國首腦高峰會議上全體成員國達成一致的「永續發展的2030年計劃」（Agenda）中，需要注意的事情很多。當然，其中所揭示的許多項目已經在龍岡會實行了。但我衷心期盼能進一步對營運、機構、設備、工作人員等方面進行重新檢討、檢查，朝進一步提高水準為目標努力前進。

簡單概述所謂ISO26000，七個核心主題分別是1. 組織治理、2. 人權、3. 勞動習慣、4. 環境、5. 公正的商業習慣、6. 消費者問題、7. 社區參與和社區發展。最近經常提及的遵守法令是這個指導的核心之一，它不僅揭示了道德倫理和良好的社會規範，更有公正和公平的含義。而這種公平和公正是人權的基礎，前面大森理事長在這本書中也有闡述。

在2015年的聯合國高峰會上，明白的提出最近被廣泛討論注目的「永續發展目標」（Sustainable Development Goals，SDGs），成為可永續發展的地球、社會、企業等的重要課題。「永續發展目標」成為醫療和長照理念的同時，龍岡會的「永續發展目標」也應該與上述ISO26000一起檢討了。

最近，ISO 26000 與 SDGs 之間的關連性被廣泛討論。大森理事長這本書中可以感受到龍岡會積極實踐此種目標的願望和熱情。這本書還闡述生活品質 QOL（Quality of Life），論及老年人在長照機構內種種提高生活質量的作法。高品質的生活意味著您可以對機構、設備、長照服務、諮詢、膳食等獲得高滿意度，而且在那裡的生活會像藝術活動一樣感受到生命的意義和價值。

如本推薦文所言，用一句話來概括龍岡會的話，那就是「一個非常令人滿意有高品質生活（QOL）的長照機構」。如果老年人企盼安寧平靜安心照護生活的話，則推薦龍岡會是可以實現您所期盼的地方。

菱山謙二

筑波大學名譽教授

本書の解説と推薦の言葉

この著書は龍岡会の理念や運営方針、具体的な運営内容、さらに各施設の建築デザインの基本コンセプト、スタッフの活動内容まで知ることのできるものである。筆者は医療法人社団龍岡会、社会福祉法人龍岡会理事長大森順方（理事長）であり、龍岡会の創始者である。以下、筆者はこの理事長のことを示している。

龍岡会にはその会が設立される前史があり、龍岡会の理念や運営には、特に筆者である理事長の祖父による病院運営の考え方の影響が大きい。龍岡会はそうした歴史的な重みをも前提とする団体であり、まさに温故知新そのものといえる。

その温故に対して知新では、筆者のアメリカ留学での学習・研究・体験によるところも大きい。この著書には書かれていないが、他のデータではアメリカ留学のことがあり、そこで「リベラル・アーツ（liberal arts）」を学んだという記録がある。リベラルアーツは、日本では大学の「一般教養のようなもの」ととらえられる場合が多い。これは第二次世界大戦後の大学の位置づけが「全人格育成教育」という目的に変わり、専門領域に入る前に、多数の科目を学び、人格をより高度にするという目的があった。しかし、時間の経過とともに本来の意義が薄れてしまい、一般教養を疎んじる傾向が見られるようになり、大学をより専門化する方向となり、「教養」が狭いただの博識というような意味に変わってしまう。リベラルアーツもそのような意味で訳される場合が多くなってしまった。

しかし、アメリカでのリベラルアーツは自由性、創造性、主体性、リーダー性などを学ぶ科目であり、リベラルアーツとしての日本でのリベラルアーツはより高度な意味合いを持って位置づけられるようになってきた。筆者は、日本でのリベラルアーツの低い位置づけの時代に、それとは異なるより高度な体系性を持つアメリカでリベラルアーツを学んでいる。日本でもアメリカ的なリベラルアーツの体系を持ち、新しい構想を持つ大学はあるが、それは少数である。

筆者は、アメリカで、リベラルアーツとして、またアメリカの実体験からも次のようなことを学んだものと思える。自由（liberty）、多様性（diversity）、平等（equality）また公平（impartiality）、相互尊重（mutual respect）、創造（creation）、主体性（independence）、起業家精神（entrepreneurship）、理論（theory）と実践（practice）、実学主義（pragmatism）などである。

運用では、この第一章で記されているように、「徹底した現場主義」や「夢を持って生きよう」、また高齢化をものともせず前向きに楽しく生きていく志向性などが記されている。この二項目はスタッフの心根を示したものでもあり、スタッフの介護のありようやスタッフの活動のありようを示している。

それらが構想だけではなく具体化されている状態を示したものが第二章龍岡会を伝える30のキーワード、第三章スタッフの取り組み（インタビュー）であり、また最後に、資料的に各施設の概要説明が記載されている。

第二章では、主に第一章で語られたような筆者の理念や構想が、どのように具体化されているのかを示している。明るく広い空間、ノックなしでもお付き合いできるような部屋や共用スペースの構成、業務関係の部屋などもフラットな関係づくりを意識しゲストが対応しやすい構成となっている。昔の暗い遠いイメージの老人ホームから脱却するための構想が具現化されており、それらの内容をこの著書において知ることができる。

エントランスから素晴らしい雰囲気をかんじさせるものにし、さらに「大きな窓」、「窓からの風景」、「柔らかい光の演出」、入り口と出口を対面にしたエレベーター、「押しても引いても開くドア」、どこでも休める工夫、わかりやすいロゴやサイン、おいしく楽しい食事の工夫（ハーティミール：心のこもった食事）などなど、ゲストが生き甲斐を持って快適に過ごすことのできる建築設計、運営システムなどについて30もの項目を記載している。基本デザインには「福祉施設らしからぬ建物」「近代建築との融合」「日本文化を残す]など、伝統と近代の良き両面を活かす工夫がなされている。また「介護職のイノベーション」の項にあるように、介護職スタッフの常なる新しい知識の導入や工夫なども提示されている。スタッフの海外研修も実施されており、これらのことは第三章でのスタッフの意気込みやありようともつながっている項目である。

第三章ではゲストの介護にあたるスタッフへのインタビューによる実情が記載されており、同時に各部署の概説ともなっている。

例えば、看護部では、ゲストの要望に応え、新潟まで日帰りの花火見物に行ったりしている。他の部署でもそうだが可能な限りゲストの要望に応えようとする努力と工夫がみられる。リスクがともなうようなこともあるが、スタッフはそれを避けるための工夫や努力を行っている。またスタッフにとって龍岡会は働き甲斐のある職場ともなっており、この第三章のスタッフへのインタビューの内容からそのことを感じ取ることができる。またスタッフの体系化については次のような記載がある。

「施設の窓口となる相談部は、ゲストが在宅と施設のどちらに住んでも必要なサービスが整備されるように、医師や理学療法士、ケアーマネージャーなど、施設内外の必要な専門家と相談をし、そのつながりをコーディネートする。」

この文章にはいくつかの龍岡会の特色が内包されている。龍岡会では施設での介護も重視しながら、在宅志向にも目を向けている。ゲストも自立可能となれば自宅に戻りたいという欲求も大きい。それを叶えて精神的なリハビリとなることを望んでいる。しかし誰でもそうはいかないという現実もあり、強制的な在宅移行は決して行わない。そこにも龍岡会の基本構想が活きている。さらに各専門部署との体系化、相談の進化・深化がなされている。それらは総合的にゲストに大きな安心感をあたえるものであり、それは介護の核心でもあろう。

スタッフの所属する各部門にはさらに「アート部」がある。これも龍岡会らしい部門であろう。もちろん他の同様の施設でもアートのようなことは実施されているが、あえて「アート部」として特化させているところに特色を感じるものである。ゲストの年齢などからして、自分の存在していたことを残そうとする作品も多く、製作過程は楽しく、また生きていることの確認の時間でもある。アートは自分で作成するだけではなく、様々な作品を見ること、聞くことでもある。

さらに龍岡会の建築物としての施設全体もアートであろうし、食事もアートであろう。筆者はこれまでもその構想を実現してきたが、さらに、ゲストやスタッフの豊かで満足度の高い心も含めて、アートを押し進める意欲を持っている。アートの活動は、ゲストやスタッフだけではなく、展覧会のように、ゲストの家族も共にあることを自覚できる重要なイベントでもある。

龍岡会のもう一つの重要な特色は「医療」であり、既に記したように、龍岡会の設立の前提には「大森医院」がある。介護と医療の両側面があり、大森医院院長は龍岡介護老人保健施設の施設長でもある。こうした関連構造はゲストに大いに安心感をもたらすと同時に、医療の側面からも常に介護に対応できるというメリットがある。介護と医療は車の両輪であるが、この両輪を備えた施設は少ない。

この第三章までで、理念や構想、具体的展開の内容が把握できる。さらに第三章の後に資料の形で、龍岡会の運営する核施設の概要が示されている。各施設ごとに個性があるが、いずれも上記の理念や構想が生かされており、「はじめに」に記されている「3つの龍岡イズム」が具体的に活かされている。その3つは「それぞれのゲストにふさわしい十人十色のケアー」、「心の癒される誠心誠意のケアー」、「いつでも信頼される生涯安心のケアー」である。

アメリカの近代的・合理的システムや起業精神、そこに日本文化の良さを付加しながら龍岡会の構想を練り上げた力量をこの著書で知ることができると同時に龍岡会の今後のさらなる可能性が期待できるものと思っている。

今後の方向性の中で、少し古くなるが、2010年11月1日に発行された国際規格ISO26000「社会的責任に関する手引（ガイダンス）」と2015年の国連サミットにおいて全加盟国が合意した「持続可能な開発のための2030計画（アジェンダ）」については留意すべきことが多い。もちろんこれらの中で示されている項目の多くは既に龍岡会においても実行されているところであるが、さらに運営や施設、設備、スタッフなどのありようにおいて、再検討し、点検し、さらなる向上を目指して進まれることを切に願っている。

ISO26000を簡略に示すと、7つの中核主題として、1組織統治、2人権、3労働慣行、4環境、5公正な事業慣行、6消費者課題、7コミュニティへの参画及びコミュニティの発展となっている。最近よく使われるコンプライアンス（法令遵守：compliance）はこのガイダンスの中核の一つであるが、それは法遵守もさることながら、倫理観や良好な社会的規範についても記されており、さらに公正・公平も意味する。この公平・公正は人権の基本であるが、上記の大森理事長のこの著書の中で記載されているものでもある。

2015年の国連サミットでは、これも最近大いに語られている「持続可能な開発目標」（Sustainable Development Goals：SDGs）が明示されており、持続可能な地球・社会・企業などについて重要な項目となっている。医療や介護の理念でもあると同時に龍岡会の持続可能性について上記のISO26000と合わせて検討すべき時代になっていると考えられる。

最近ではISO26000とSDGsとの関連性が大いに論じられている。大森理事長のこの著書においてもそうした意気込みを感じ取ることができる。この著書ではQOL（Quality of Life）についても述べられており、高齢者なお施設での生活の質の向上が記されている。生活の質の高さとは、施設・設備・介護サービス・相談・食事などなどにおいて満足感を十分に持てる、またそこでの生活がアート活動のような生甲斐につながっていることである。

この推薦書で記述してきたように、龍岡会は、一言でまとめれば「大いに満足できるQOLがある」ということである。高齢者の安寧な生活を望む場合、龍岡会はそれを実現できる場として推薦できるものである。

菱山謙二

筑波大学 名誉教授

前言

「日本邁向光明的未來就要從敬老開始」、「能夠從老人的笑容中看見他們散發出的自豪」。

從最初所建造的龍岡老人照護機構至今已超過20年，此後也在「淺草」、「早稻田」、「千壽」⋯⋯等各地區陸續建設。關於我們設置老人照護設施所選擇的類型，對長者們的主要考量為：「能夠如同居住於自家般，長久而自在的持續生活」即為最好的生活品質，只有必要時候才需利用設施，並待身體能夠復原恢復到一定程度，便可返回住家。

「龍岡會」是歷經我祖父以及父親兩代醫生，紮根於地方的醫療並持續至今。到了我這一代更增設了長照看護的服務，但仍然堅持前兩代先人的理念：

給予每位顧客最適當的照護。

真心誠意提供能夠療癒身心靈的照顧。

提供讓人信賴安心的終身照顧。

在我們非常講究設計的空間內，能夠讓使用者感受陽光及徐徐微風，領略龍岡會的這三項理念。不過高齡化的快速令人瞠目結舌，以至於國家制度上的支援有限，無法完全配合各地區的極限。

龍岡會著眼於突破此限制，秉持從最基本的地方提供長者最期望的生活，並以服務為初衷，唯有職員帶著體貼溫柔的心，才能提供最好的服務以及最友善的設施。也唯有這樣的體貼思想與模式推廣至各地區及社會，才能夠建構和平的日本、進而建構安穩和平的世界。

希望能將我們的思想傳遞給擁有這本書的人，並期待讀者能與我們一同建構光明的日本。

2016 年 7 月

大森順方

醫療法人社團龍岡會理事長
社會福祉法人龍岡會理事長

はじめに

「明るいニッポンをつくるのは敬老化から」、「笑顔の中から誇りが見られる」

最初の老人保健施設「龍岡」を建ててから今年で丸20年。以降、「浅草」「ワセダ」「千寿」……と必要とされる地域へ、ときを空けずに介護施設を建ててきました。介護施設のタイプとして老人保健施設を選んだのは、高齢者にとって一番のQOLは「住み慣れた自宅で暮らし続けること」という思いから。必要とするときだけ施設を利用し、元気になったら自宅に戻れる仕組みをつくりたいと考えました。「龍岡会」は、祖父と父の2代にわたり、医師として、地域に根ざした医療を続けてきました。私の代で介護サービスも加わりましたが、土台となる理念はずっと変わっていません。

それぞれのゲストにふさわしい十人十色のケアー。

心の癒される誠心誠意のケアー。

いつでも信頼される生涯安心のケアー。

光と風を感じるようにと、こだわり続けた空間設計の中で、3つの「龍岡イズム」が広がります。高齢化のスピードは目を見張るものがあり、国が制度で支えていくには限界があります。「龍岡会」では、現状の介護の限界に目を向け、まっしろな状態から、高齢者が本当に望む暮らしやサービスを提供しています。優しい心を持つスタッフが提供するケアーは、優しい施設をつくります。その思いや取り組みは地域社会へと広がり、平和な日本、そして安寧な世界を築くことにつながるでしょう。

この本を手に取った人に、少しでもわたしたちの思いが伝わり、共に明るいニッポンの未来をつくる同志になっていただけることを願います。

2016年7月

医療法人社団龍岡会
社会福祉法人龍岡会

理事長
大森順方

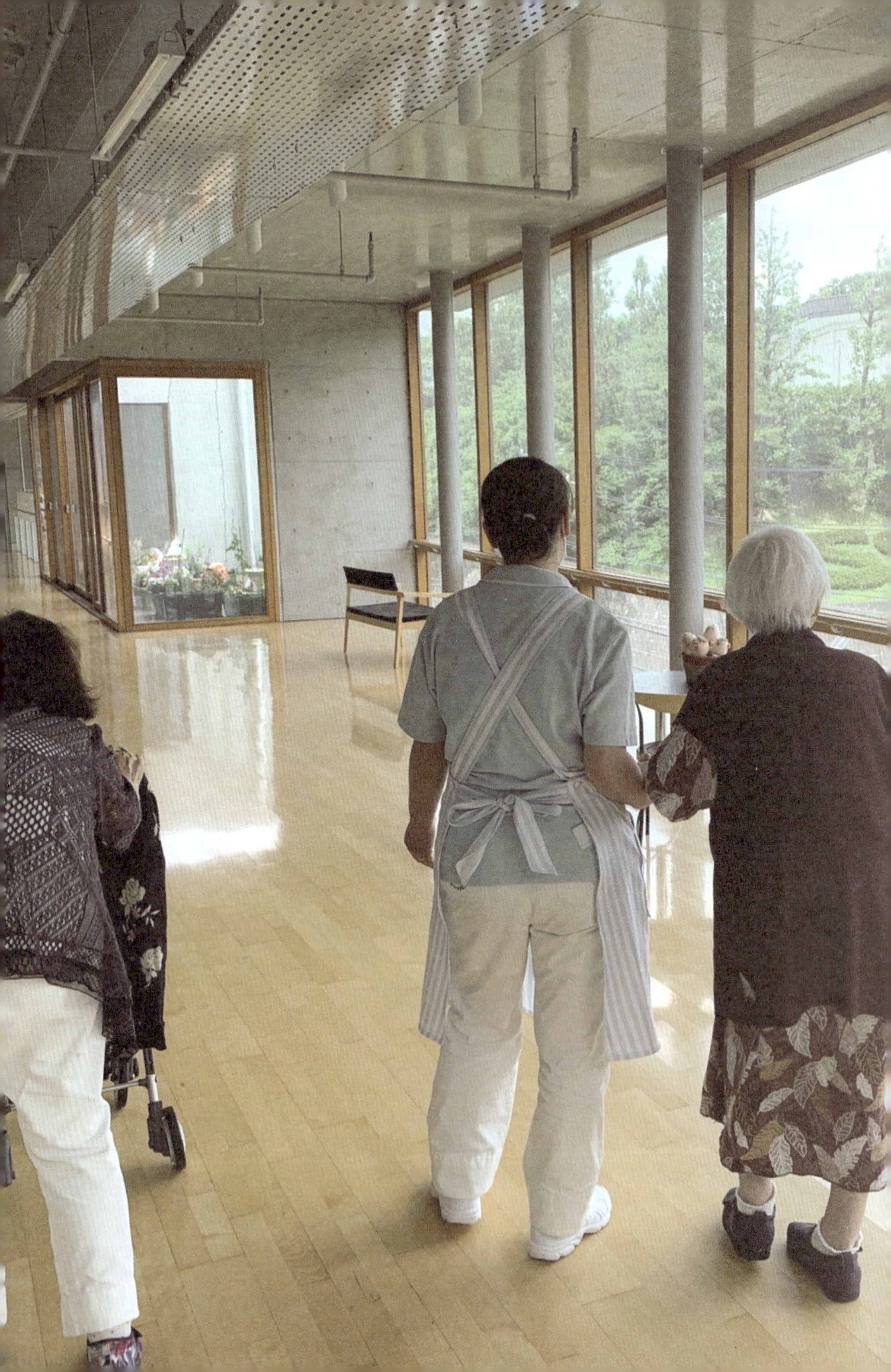

Chapter 1　我們的實踐

首次誕生於山手線電車的老人照護機構[1]

1996 年山手電車環內線第一個老人照護機構成立於東京都內，在報紙上造成不少轟動。當時《介護保險制度》[2]尚未實施，老人照護機構給許多人的印象幾乎都是負面陰暗、遠離市中心偏遠之地，從未想過要在東京都市內建構。「老人照護機構」原本的初衷是能夠提供入住者恢復其個人身心靈的健康之地，再依據每個人的需求給予適當照顧方案，使其能夠回到原本正常的生活，若是如此，勢必得身處在其熟悉的環境才有其效果。我首先期待達成的目標是：跳脫老人照護機構是收容孤苦無依的高齡者之機構的印象。

我的想法是：改變人們對於老人照護設施根深蒂固的既有觀念，也就是朝向顛覆既有思維、背道而馳來進行，我想證明公共性設施的建築物也可以做到，在這樣的想法驅使下，特別照護老人中心「青葉之丘」於 2009 年建設完成。

美好的理念結合建築師的嶄新設計，從特別講究的建築物細節中感受到大自然的恩惠，在自己最熟悉土地上度過屬於自己人生的最後一個階段，在美麗的建築物中以保有尊嚴的方式生活，這便是我一貫的初衷，如今終於有了雛型。

---

[1] 「老人照護機構」依日本定義是指為支援高齡者生活能自立，將來能夠復健回歸家庭自主生活為目標的機構。機構內有醫師帶領管理下，有護理人員、照服員以及復健師、物理治療師營養師、營養管理師等，協助指導提供使用者復健、飲食營養管理、入浴等服務之機構。

[2] 日文的「介護」兩字，中文之意即為「照護」，故日本介護保險相當於我國規劃中的長期照護保險。為尊重日本法制原意，本文在提及該國相關制度時，皆以「介護保險」稱之。

山手線環内で初の老人保健施設の誕生

「1996年、山手線環内で初の老人保健施設の誕生―」。都内ではじめての高齢者施設の誕生は、新聞紙上をにぎわせました。当時は介護保険制度の施行前、老人ホームは「暗い」というマイナスイメージが根強く残り、それは人里離れた場所にあるものだという考えで、都会に建てる発想などなかった頃です。そもそも老人保健施設とは、入所者（ゲスト）が元気になって在宅に戻ることを目標に、個々に合ったケアーを提供するための施設。そうであるならば、住み慣れた土地にあるのが道理のはず。私がまず目指したのは、「養老院（身寄りのない高齢者を収容して保護する施設）」からの脱却でした。

人々の意識にこびりついた老人ホームのイメージを変えるための私のアイデアは、これまでとはすべて「逆の発想」で進んでいくということ。公共性のある建物でもここまでできるということを、まずは自分が証明しようと思いました。その思いで突き進んできた集大成は、2009年に完成した特別養護老人ホーム「青葉ヒルズ」です。建築家と「一緒に美しいものをつくりましょう」と、建物の細部にわたり自然の恵みを感じる斬新なデザインにこだわりました。なじみの土地で人生の最期まで、そして、美しい建物の中で尊厳を持って暮らせる住まい。私がスタートから一貫して目指していたものが、ようやく形になったのです。

傳承與創新

「沒有招牌只接受熟客介紹」，這也是我祖父——大森醫院院長的諄諄教誨，因我們認為口碑是最重要的評價。祖父上午在醫院看診，到了下午就前往至各個病人家中出診。

祖父在東京帝國大學附屬醫院服務時，就可以聽到「大森醫生在當時的看診人數，診間幾乎座無虛席」這樣的傳言，表示祖父深耕於地區醫療多年廣受肯定。

祖父是個對患者相當嚴厲的人，他經常說：「病不是靠醫生治好，而需靠自身痊癒」。我之所以想成立以支援病患能自主健康復健的設施，也是受祖父的思想而影響。

此外，龍岡會所積極奉行的食物療法，主要是承接父親的觀念：「食物是最好的藥品，使用醫學藥物則是下策」。由大森醫院跨領域延伸所成立之嶄新的龍岡會，可說是從提供「醫療場所」改變為提供「生活醫療場所」，這樣的方式和現代科學領域中日新月異的醫療技術不同，而是開發未知領域的長照世界。我著實深感在長照領域中必須改變的地方很多，也還有很長的一段路要走。

而我首先能夠做的便是，將醫療領域中好的部分帶進長照看護的世界中，例如明確區分"Care Science"（看護科學）、教育和藝術等領域，這件事在日常照顧中很容易被遺忘，但卻是長照觀點中絕不能疏忽的部分。

伝えていくものと変えていくもの

「看板は出さない、紹介者のみ」。これは、龍岡会の前身である大森医院の院長（祖父）からの教え。理由は、クチコミこそが本当の評価だから。祖父は、午前中は診察、午後は往診という町医者でした。東京帝国大学付属病院に勤務していた頃は、「大森先生の診察には列ができる」と噂になるほど、地域に根ざした医療を率先して行っていました。

祖父は、患者さんにはとても厳しい人で「病気は医者が治すものではない、自分で治すものだ」と、常に説いていました。私が自立を支援するリハビリ施設をはじめようと思ったのも、こうした意識を継いでいるところがあるのかもしれません。また、龍岡会では食の取り組みを積極的に進めていますが、それは「食は上薬にして医薬は下薬なり」という父の思想から続いています。大森医院から新たな一歩を踏み出した龍岡会では、治療の場から暮らしの場へと、提供する場所が変わりました。科学的な裏づけも技術開発も日進月歩の医療とは違い、すべてが未開の介護の世界。私はこの世界は、変えていかなければならないものがまだたくさんあると感じています。

まず私ができることは、介護の世界に医療のよい部分を取り入れること。"Care Science"（介護を科学すること）や、教育やアートなど専門的な部署を明確に分けることで、日々のケアーに追われて見失いがちな、けれどけっして疎かにしてはいけない視点を確立することからはじめました。

勇於踏入灰色地帶

在目前的照護領域中，或許因為被「維持現狀是最好的」的思維方式左右，如有需要改變的地方，維持現狀是公認的最佳處理方式。而我卻要在一個既定觀念如此強烈的現況裡提出訴求：「讓我們改採比現在更好的方式吧」。在當時，或許會顯得我是個異類吧！但是若沒人率先發聲，也就無法為這個世界帶來任何改變。

當龍岡會的被照顧者外出時，對於龍岡會來說不僅僅是提供復健或社會參與的機會，而是能夠讓成員意識到這是和社會交流最佳機會。基於上述理念，我們對於下列的情況毫不猶豫仍選擇外出：如「因自身行動不便，雖想去台場[3]坐摩天輪，不知是否會對其他人造成困擾？」或者「去國技館2樓的座位只有電扶梯時，坐輪椅的我們不是很方便」等諸如此囿於現實層面的問題。

如果是到國技館觀賞相撲，我們會商請相撲協會募集一些前相撲選手，讓他們背著客戶到會場座位，在這過程之中彼此之間互動，展露出的笑容一定可以為每位參與者創造出不少美好回憶吧。

制度是為了趨向避險而設計的，但若制度本身有問題，反而會對於客戶以及原本回應社會的需求造成更大的風險與危害。事實上，在日本社會上因無知造成的不親切感還是很多，確實需要持續向前改變。

---

[3] 台場（日語：台場／だいば，daiba），是日本東京灣內一座大型人工島，毗鄰東京港，屬於東京都內的新興發展區域。1990年代起為東京臨海副都心的核心地帶而快速開發。該區陸續有許多大型企業進駐，並且建設了大型商場與娛樂設施，近年來成為東京都的重要景點之一。

グレーゾーンにあえて踏み込む

介護の世界では、現状維持できればよいという考えの元、変えるべきものがそのまま放置されていました。固定概念が強い世界の中で「もっとよりよいものに変えていきましょう！」と訴え続ける私は、その当時、異端児あつかいをされていたかもしれません。それでも、誰かが言わないといつまでも変化は起きません。

ゲストと一緒に外出をすることは、ゲストにとってリフレッシュや社会参加になるだけではなく、社会に向けて気づきを与える絶好の機会です。だから私は、「お台場に行って観覧車に乗るのは迷惑がかかるかも」とか、「国技館2階席の入口へ行くには、エスカレーターしかないから車椅子のゲストは連れて行けない」というネガティブな理由で、外出を躊躇することはしていません。

国技館に相撲観戦に行ったときは、大相撲協会に勤めている元力士たちを呼んで、ゲストを会場までおぶってもらいました。元力士もゲストもみんなが笑顔で、よい思い出になったと思います。

制度というものはリスクを避ける。でも制度的には問題になることでも、それがゲストのためになったり、社会にたいして伝えるべきニーズであれば、あえてリスクに踏み込む。実は、無知ゆえの不親切だったという発見も多く、確実に変わっていくことがあるのです。

描繪家庭風景

龍岡會現有14個（至2022年止）照護老人照護機構，成立初始雖是希望以居家照護為基礎，但也有因各種因素而無法順利返回家的被照顧者。因應未來所面臨的高齡化社會，無法返家得到照護之被照顧者勢必增加。

所以龍岡會很重視機構內呈現三代同堂、家庭和樂的溫暖榮景與智慧傳承。職員和住在龍岡會的被照顧者同在餐桌上吃飯聊天，被照顧者以人生學長學姐的角色身分進行交流，可讓職員從中學習到許多人生經驗，並使其感受除以尊敬的態度來服務照護外，更有銀髮成員傳承智慧讓得以學習。

龍岡會的建築採用耐於戰爭及地震的簡單紅磚為建材，雖經歷過天災或戰爭，但從中留下的文化絕不會被遺忘。我們在「青葉之丘的起居室創造出類似於家庭般的生活環境」，以10人為單位安排在居家的餐桌上一起吃飯、互動，透過每天的用餐時間呈現家庭式的交流。龍岡會期待呈現的是：日式傳統美好的大家庭風景，希望人們無論是如何老去、以何種方式迎接死亡，在龍岡會裡生活的形形色色的人們，彼此能夠相互扶持安享晚年。

家族の風景を描く

龍岡会では、現在14つの介護老人保健施設を運営しています（2022年まで）。介護老人保健施設は、その成り立ちから、在宅をベースにケアーを考えます。それでも、様々な事情から自宅にもどることがむずかしい人がいます。これから高齢化を迎えるにあたり、そうした人も増えていくことになる。

だから龍岡会では、三世代で住んでいた頃の大家族の温かみと知恵を、そのまま形にしたような施設のあり方を大事にしています。スタッフもテーブルに座り、会話を楽しみながら一緒に食事をします。人生の先輩であるゲストから、スタッフが教わることはたくさんあります。その尊敬の気持ちがケアーをするのではなく、させていただく"という思いを生むのでしょう。

「龍岡」に佇む、戦争も震災も耐えてきたシンボルの赤レンガ。建物であっても、日本が紡いできた文化を残していくことは忘れません。人生の最期まで過ごせる「青葉ヒルズリではユニットケアでアットホームなリビングルームをつくりました」。10人単位の顔なじみの関係。そこでは毎食、家族の食卓を再現しています。龍岡会で描かれるのは古きよき、大家族の風景。人はいかに老いるのかどうやって死を迎えるのかは暮らしの中にそれぞれの人生が交差していると、みんなに労りの気持ちが浸透していくはずです。

貫徹到底的現場主義

我每日都會到龍岡會探視銀髮族們的生活環境，面對面打招呼，並盡可能的直接聆聽職員們的意見，使員工們希望向上傳達的訊息盡可能不被中途過濾、順利傳達並接收。此外我會定期出席每月各設施內所召開的營運改善會議，深信：「好的公司上層，必須掌握公司內部所有大小事」。

我也會經常因思考機構營運而感到煩惱，告訴自己要對職員一視同仁。尤其職員基本上都是聘請應屆畢業生，因龍岡會的獨創性就是在於想聘用不囿於現有框架、能夠以全新與不同視角看待照護世界的人。因此我們絕不以資歷評量，而是重視能夠理解並一同實踐龍岡會的理念的同好，讓其有機會可以升遷，並留下來為組織努力。丹麥國會議員來訪時曾提出視察感想：「每一位職員都很正面陽光開朗的做自己的工作」。我相信若只是做著一成不變的工作，會漸漸地失去工作動力、進而失去笑容。我們不一昧模仿其他機構設施，而是以現場環境思考最需要的。相信這樣愉快的職場環境，一定可為職員帶來使命感跟成就感。

徹底した現場主義

私は毎日、ゲストが暮らす現場に足を運び、お顔を見て挨拶をして、生の声を聞いています。現場のスタッフから上がってきた意見も、できるだけフィルターを通さず、本人と話すようにします。それだけではなく、月に一度、各施設で実施する運営改善会議にも、すべて顔を出すようにしています。それは、「よい会社のトップは、会社の些細なことまで知っている」という考えから。

常に、現場のための運営を考えられる頭でいたいのです。また、誰にたいしても平等に接するように心がけています。スタッフは、基本的に新卒採用にしています。龍岡会のオリジナリティを大切にしたいので既存の枠にとらわれず、まっさらな気持ちで介護の世界を見ることができる人を求めています。そのため、年功序列にはけっしてせず、龍岡会の理念を理解して実践する人がいつでもトップに立つことができる組織づくりを努めています。デンマークの国会議員が視察に来たとき、「スタッフが本当に明るく働いている」と、目を丸くしていました。ルーティンワークな仕事をしていたら、きっと笑顔をなくしてしまうでしょう。どこかの真似事をするのではなく、現場優先の環境の中で、自分たちで考え実践していく。その使命感と達成感が、スタッフにとって働きやすい職場になると信じています。

懷抱夢想　生活吧

曾經有某一位職員對我說：「喜歡在充滿著夢想的地方」。後來我常掛在嘴邊對職員們說：「懷抱夢想去工作吧」。

照護的工作環境每天都似戰場，包含配膳、更衣、清潔排泄、整理床鋪等，時間經常被上述的工作內容追著跑而消逝，也因擔負著客戶的生命，勢必會遇到許多急迫的狀況。隨著想提供更好的照護品質，職員的負擔也就會不斷的增加。

即便如此，龍岡會的各個職員都積極提供客戶更良善的服務，能夠看到客人的笑容是職員的夢想。有夢想的人，不論歲數都能讓人感受到散發出的光芒及喜悅。有夢想而逐夢前進的人，我們可以感受到他的光輝和喜樂的心。

在每一天工作之中有所餘力，內心才有餘裕。所以龍岡會配置專業的人員能夠讓職員在工作中感受到藝術氣息，照顧員工使其工作和生活方面平衡協調，透過一個個小夢想的實現，不知不覺中就能成就心中的大夢想。有貢獻之美德必能實踐真正的世界和平。

夢を持って生きよう

あるスタッフが、「夢見がちな施設であるところが好きです」と私に言いました。いつもスタッフたちには、口癖のように「夢を持って生きよう！」と話しています。

介護の現場は毎日が戦場です。食事、着替え、排泄、就寝準備など、目の前の対応に追われていると、あっという間に時間が過ぎてしまう。ゲストの命をお預かりする場なので、緊迫する場面もたくさん出てきます。さらに、よいケアーを提供しようとすればするほど、スタッフの労力はどんどん増えていく。

それでも龍岡会のスタッフたちは、ゲストにとってよいことは積極的に取り入れています。それは、ゲストの笑顔を見ることが、スタッフの夢でもあるからです。夢のある人は、何歳になっても輝いています。夢に向かって歩いているとき、人は輝き、喜びを感じるのです。

もちろん、日々の仕事に余裕がなければ、心に余裕は生まれません。そのために、暮らしにアートを取り入れたり、スタッフのケアーなど、龍岡会独自の取り組みに専門の担当者を配置しています

小さな夢から一つひとつみんなで叶えていけは、いつの間にか大きな夢にまで手が届く。人を労り、思いやる心には、世界平和にもつながっていくほどの効力があるのです。

高齡化並不是「問題」

在日本,「團塊世代」[4]的人即將邁入人生中的第四個階段。在2020年每4個日本人之中就會有一位是65歲以上者,日本在先進國家之中已經是高齡社會的先驅,世界各個國家都在觀望著日本今後的動向。

我一直對於世界上普遍把高齡化社會視為「問題」看待的觀點存有疑慮,人類在長久歷史中不斷在追求長壽,這個夢想不論經過多少年與代歲月從不褪色。如今終於達成可以「百歲人生」的長壽社會,長壽的人也越來越多。過去的日本很少投注及編列重大預算經費在長者需求上,但是今後的時代,長者的幸福關係著日本能否邁向光明的未來,因此也唯有改變舊思維,才能實現人們所憧憬的、追求健康長壽、安心養老的生活。

我們成立龍岡會的目的不以利益為優先考量,而是真心真意提供服務客戶邁向22世紀新社會的另一種方式。

---

[4] 「團塊世代」,指的是日本戰後的第一個生育高峰期,即1947年至1949年期間出生的人,這一批世代約700萬人被視為推動日本經濟的主力,於2007年開始陸續退休。

高齢化は「問題」ではない

日本では、団塊の世代がいよいよ人生の第4ステージに入っていきます。2020年には、4人に1人が65歳以上を迎えることになるでしょう。先進諸国に先駆けて高齢社会を迎えるため、世界中で日本の動向が注目されています。

世間では、高齢社会を問題として取り上げていますが私は疑問を感じます。皆が平等に長生きできる平和な暮らしを望んできたのは、ほかでもない私たちなのです。

夢はいつまでも経っても色褪せない。ですが、それ以外の地球上にあるものはみな有限です。人類は長い歴史の中で長生きすることを願いつづけてきました。そして今ようやく、「人生100年」といわれる長寿社会となり、長生きできる人々が増えました。日本はこれまでフェイタルなものにお金をかけてきませんでした。ですが、これからの時代は、老人が幸せになることがニッポンを明るくしていくことにつながるはず。それこそが、みんなの夢が叶った究極の未来の姿なのですから。私たち龍岡会が立ち上げ当初から取り組んできた、利益を先に考えるのではなく、誠心誠意ゲストに尽くすこと。これは、22世紀に向けた、新しい社会のカタチになるかもしれません。

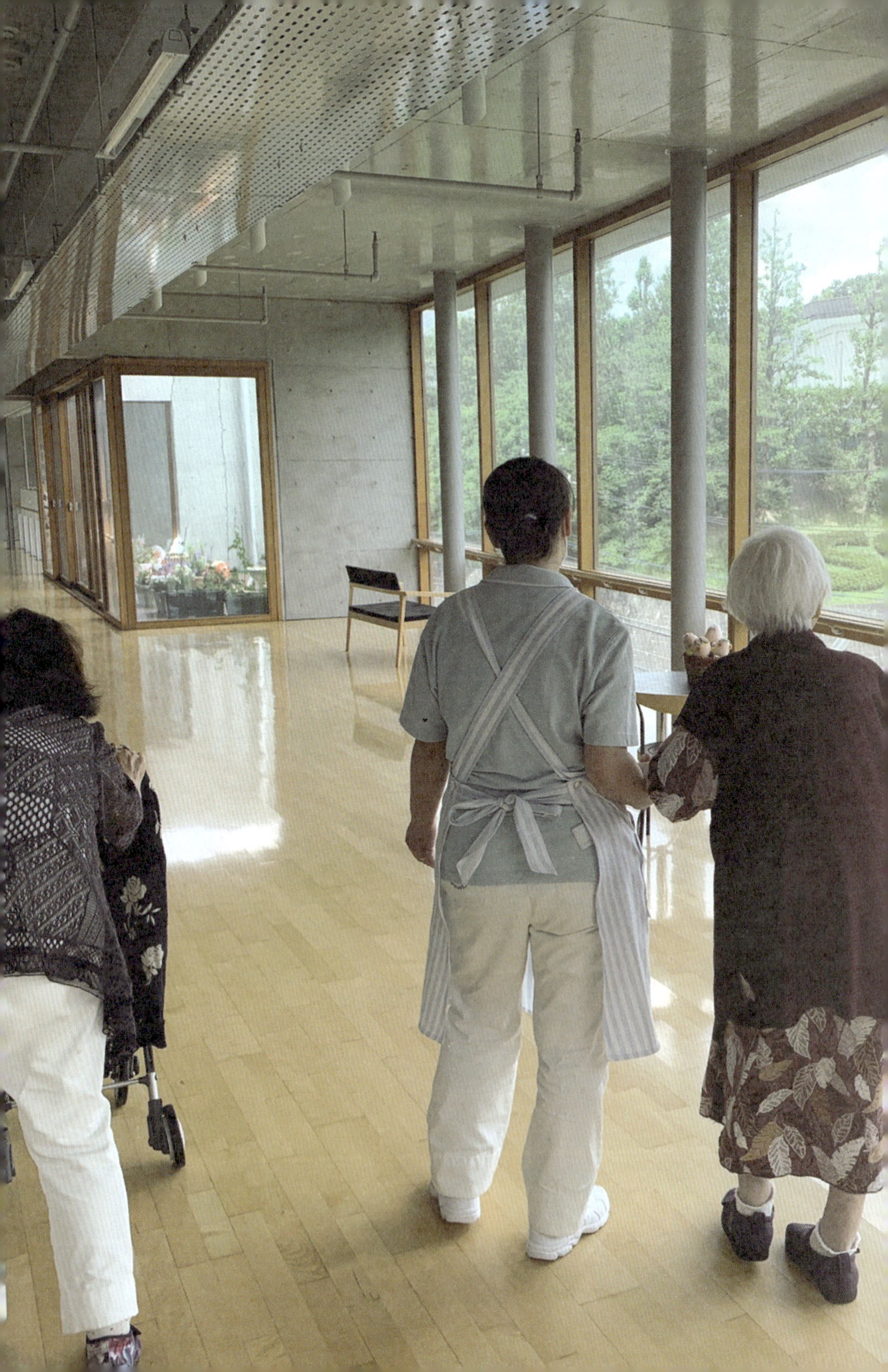

Chapter 2 ｜ 傳承龍岡會三十年來的關鍵

傳承龍岡會三十年來的關鍵

1　只存在於圖面上的線
2　無隔閡的服務關係
3　乾淨明亮的白色
4　簡潔原始的美
5　高質感的門面設計

6　溫馨舒適的放鬆氛圍
7　引人入勝的窗外視野
8　導入溫和內斂的光線
9　融入而不突兀的空間設計
10　無障礙易通行的電梯規劃

11　雙向可開的安全門
12　可長期使用之素材
13　露臺烤肉
14　靜態空間、動態空間
15　不近不遠、適當的距離感

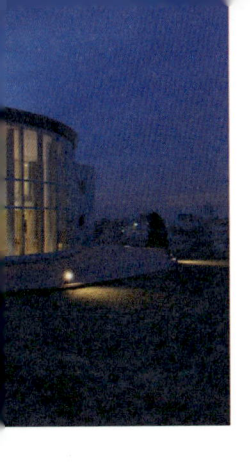

16	北歐家具的秘密
17	不論到何處都有休憩的位置
18	簡潔明瞭的室內動線規劃
19	泡澡是日本的文化
20	腦中可感受到鮮味的飄散
21	吃的三十秒規則
22	好吃的東西就是要跟大家一起吃
23	照護飲食的革新
24	豐盛的一餐
25	職員是藝術家
26	護理科學 = 尋求答案
27	實現各個小小的夢想
28	出門的另一個目的
29	連結地區性的特色
30	照護無國界

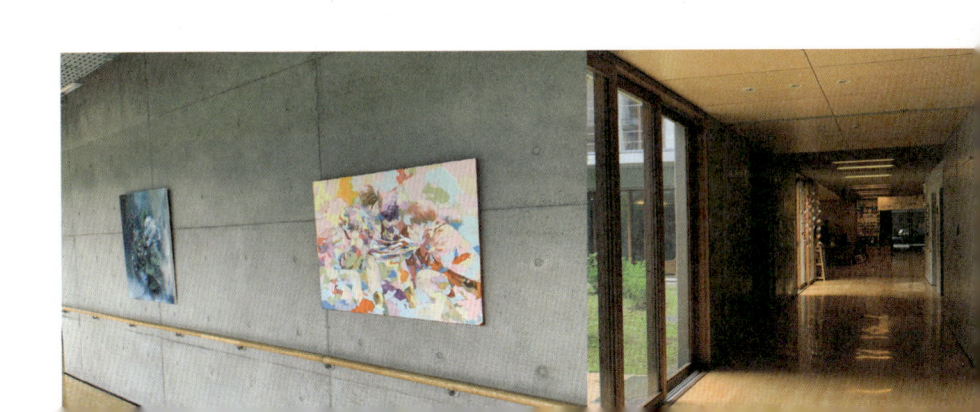

1 只存在於圖面上的線
図面上にだけあるライン

「區分公共空間的間隔線,希望只存在圖面上」這是我們設計新設施時,第一件拜託設計師的事。

希望大家活動的場所能夠是相當開放與明亮的空間,並且可以把玄關及各個區域盡收眼底,每天可以開心執行各項活動,從早操、娛樂活動到演唱會。在一個寬廣沒有隔間的空間活動時,音樂及歡樂的笑聲,能夠響遍整個空間。

「共用部の仕切り(ライン)は、図面上だけにしてください」。これは、新しい施設を設計するときに、最初に設計士さんにお願いしていることです。

みんなが集うリビングルームは、開放的で明るい空間にしたい。玄関や各フロアーに一歩足を踏み入れると、視界を遮るものがないようなつくリを考えました。そこでは毎日、朝の体操にはじまり、レクリエーションやコンサートなど、楽しいプログラムを開催。仕切りがない空間では、音楽や笑い声がどこまでも響きわたります。

2 / 無隔閡的服務關係
ノックがいらない関係

在照護的世界裡，容易陷入照顧以及被照顧的不對等的關係，如此無法建立當初我所想像的面貌。

無論哪個設施的玄關接待處，第一個諮詢櫃臺皆採用開放式的設計，整個空間能夠讓人與人之間的相談能夠產生對等的關係。

職員不只提供制式窗口業務，也會主動提供諮詢協助服務。透過平時打招呼的習慣，職員更能夠立即察覺客戶的變化並給以最適合的處置。

とかく介護の世界では、"お世話をしてあげている"、"してもらっている"関係に陥りやすいもの。それでは、私がめざす風通しのよい関係は築けません。

最初の相談窓口となる玄関前の受付は、どの施設もオープンカウンターにしています。これは、空間から仕掛ける"フラットな関係"づくりのプロローグ。

スタッフは受付業務だけではなく、相談作業もすべてそこで行います。気軽に挨拶や声かけが習慣になると、スタッフもゲストの変化をすぐに察知できこちらから先に声をかけることができるのです。

3 / 乾淨明亮的白色
あえてシロ

計畫成立高齡者機構是從平成 4 年（1992 年）左右開始。

當時並不像現在是各家機構強調自己的特性，安養中心容易產生負面且陰暗的形象，使用這類服務被人們指責的情況也不少。

為了除去負面的印象，有些機構設計了多彩的空間，但反而形成像幼稚園或小學的氛圍，反而無法保護長者們的尊嚴，就在這時想到白色可給人明亮整潔的心理效果與第一印象，於是打造成整體全白的空間。

私が高齢者施設の計画をスタートした平成4年頃は今のように施設ごとに個性を競うような時代ではありませんでした。

当時の人々には、「老人ホーム ＝ 暗い、ネガティブ」という形容詞が浮かんでいました。預ける家族も負い目を感じる人が多かったのです。

そのイメージを払拭するために、空間をカラフルに設える施設もありましたが、幼稚園や小学校のような雰囲気になり、高齢者の尊厳を守れません。そこで私が考えたのは、真っ白な空間です。ホワイトカラーは明るく清潔感があり、「はじまりを感じさせる」心理効果があります。

4 簡潔原始的美
むきだしの美

「不像福祉機構的建築物」、「融入近代建築風格」、「留存日本文化的傳統特色」。龍岡會的建築物，都是由這三個概念為基礎建造。

我所負責部分是如何體現宏偉的設計，從天花板、清水混凝土牆開始到木製窗台以及地板，結合而成的現代設計風格。

完全沒有使用到印刷膠合板那樣的仿材料。利用素材本身的美感，讓它展現出一種樸素、清新的原始之美。

※建築物風格符合消防法規

「福祉施設らしからぬ建物」「近代建築との融合」「日本文化を残す」。龍岡会の建物は、この3つのコンセプトを柱に成しています。

グランドデザインは私の担当。打ち放しのコンクリートの壁や天井に、木材の窓枠や床がなじむモダンなデザイン。

プリント合板などのフェイク素材は一切使っていません。素材の美しさを大切にしたいので、あえてむきだしにこだわりました。

※消防法により定められている箇所を除く

5 / 高質感的門面設計
門構えからいいものを

「青葉之丘」於2009年開幕至今，經過歲月積累，還是讓許多人感覺是棟高級公寓，這裡非常注重大門的精雕細琢以藉外觀提供最好的感受，整體而言是為維護客戶們的尊嚴，讓客戶把這裡當作自己的家，帶著驕傲生活下去。客戶的家人們來訪時也能夠提供一處適當於會客的環境與空間。多虧各位的努力，青葉之丘於2012年榮獲「優秀設計獎」（グッドデザイン賞）的殊榮。

「青葉ヒルズ」は2009年にオープンしてから月日が経ちますがいまだにここを高級マンションだと思っている人が多いようです。最初から、「門構えから徹底して美しいたたずまい」にこだわりました。それはひとえに、ゲストの尊厳を守るため。ゲストには、ここを自分の家として、誇りを持って過ごしてほしい。ご家族にとっても、訪れるのが楽しみになるような空間にしたかったのです。おかげさまで「青葉ヒルズ」は、2012年にグッドデザイン賞を受賞しました。

6 溫馨舒適的放鬆氛圍
壁一面の大きな窓

透過一面窗注入璀璨的陽光，徐徐的微風吹過肌膚的感覺，使得人們能夠感受到來自大自然的恩惠，彷彿能夠催化生命的能量。為了讓不方便出門的客戶也能感受到季節變化，我們在各個機構裡都使用上達天花板高度的大型落地窗，讓北側的房間也能在白天時接受到充足的自然光，根據不同天候所帶來的採光都十分宜人。感受到這樣的宜人的心境，說不定也是開放式的窗戶設計所帶來的效果。

大きな窓は、燦々と降り注ぐ陽光や心地よい風の通り道。自然の恵みを肌で感じると、人は生きるエネルギーを活性化させます。外出がむずかしいゲストにも季節の風を感じてもらえるようどの施設にも天井までつづく大きな窓がたくさんあります。北側の部屋でも日中は自然光だけで十分なほど。天候によって明るさが変わるぐらいがちょうどよい。そんな大らかな気持ちでいられるのも、開放的な窓の効果かもしれません。

7 引人入勝的窗外視野
窓から先の風景も考える

從窗口延伸出去的景緻也是生活重要的色彩元素，讓不是很方便出門的客戶，也能夠享受到季節變化所帶來的氣息。比如將寢室裡的床鋪橫向擺設，不經意地往窗外看時，就可感受到戶外的花草及造景因四季交替所帶來的改變。在個人的房間便能使身心靈得到暫時的寧靜，平靜的享受私人空間，看著窗外宜人的景緻，讓客戶們的心情沉浸在大自然中。

窓からつながる外の景色も、暮らしを彩る大事な要素。なかなか外に出られないゲストでも、季節を感じることができるような空間を考えます。たとえば、居室のベッドに横になり、ふと窓に目をやると四季折々に表情を変える木や花が見えるように、中庭の植栽を計画。プライベート空間である居室では、心も身体も休めて、静かに過ごしていただきたい。大きな窓から見える外の景色が、ゲストの心を自然の世界へと誘います。

8 / 導入溫和內斂的光線
柔らかい光の演出

館內的燈光設計都是以間接照明居多,讓客戶可以不用對工作及家務感到壓力,能夠多一刻享受空間帶來的平靜時光。彷彿沐浴在溫柔的光芒中,透過窗戶射進來的陽光以及夜裡的月光,為室內空間帶來平緩與舒適的生活環境。

館内はほとんどが間接照明。ゲストは仕事や家事に追われることなく、一日の多くを館内でゆっくり過ごすのですから、やすらぎを感じる優しい照明がゲストの暮らしには合います。大きな窓からは昼は陽光、夜は月光が穏やかに降り注ぐ。館内はいつでも、柔らかい光のシャワーで包み込まれています。

9 融入而不突兀的空間設計
壁に同化するクリーンルーム

污物室被命名為"Clean Room",除了賦予「變乾淨」的這層涵義,也透過門與牆壁使用相同顏色、用英文方式等呈現,讓它不容易被發現。

機構擺設的設施並不只是職員的職場環境也是客戶的生活空間。例如冰箱也是以嵌入的方式設計,好使家具及家電都盡可能地融入環境之中。

汚物処理室を "Clean Room" と名付けました

「きれいにしましょう」という意味を込めて、また目立たないように、英語表記のサインにしました。扉も壁の色に同化させているので、気が付きにくい。

施設はスタッフの職場ではなく、ゲストが生活する空間という意識を大切に。その他にも、フロアーの冷蔵庫は壁に埋め込み式にするなど、設置する家具や家電も、空間になじむように配慮しています。

10 無障礙易通行的電梯規劃
一方通行のエレベーター

「青葉之丘」的電梯可以雙向通行。

出入口不同方向能夠避免輪椅在乘坐電梯時,因出入電梯需要轉向而造成的事故。館內唯一的移動方式就是電梯,由於電梯是密閉空間,裡面的味道久而不散,或者遇到輕微的突發狀況,皆有可能演變為意外事故。因應不同使用方式而區分「人、配膳、排泄物」等設置可輕鬆使用、提供相對大的開關門按鈕等,這些與人交流的空間與場所規劃都投入相當程度的苦心。

「青葉ヒルズ」のエレベーターは一方通行。

入口と出口が逆にあるので、車椅子の人も向きを変えることなく乗り降りできます。向きを変えずにすむことで、転倒事故も防げます。館内で唯一の移動手段となるエレベーターは、閉鎖空間のため匂いがこもったり、ちょっとしたつっかえが事故につながったりすることも。人・食事・汚物の用途別に使い分けたり、大きな「開閉ボタンノ」で使いやすくしたり。人が行き交うコミュニケーションの場でもあるのでハード面から工夫を凝らしています。

11 雙向可開的安全門
押しても引いても開くドア

廁所使用的次數會隨著年齡增長而增加,尤其是半夜。為了防止「拉」這動作容易重心不穩導致跌倒的事故,機構裡都使用「推」和「拉」可雙向開啟的門,進出廁所都可以同方向操作。

雖然這些設計皆需特別訂製,但透過留意這些小地方,能夠讓客戶居住的安全性更加有保障。

これは、押しても引いても開くドアだからこそできる技。トイレは入るときにドアを「押す」、出るときにも「押す」。「引く」動作でバランスを崩し後ろに転倒する、そんな事故も防ぎます。高齢になるとトイレの回数が増えて、夜中に寝ぼけ眼でトイレへ行くことも。ちょっとした工夫で暮らしの安全性はグンと高まります。だから、設えからすべてをオーダーメイドにしています。

12 可長期使用之素材
長生きする素材

日本因為有火山、明確的四季，以及豐沛的雨量，使得土壤養分豐富，樹木的生長非常的好，擁有特殊的「木文化」。

木頭經過長時間使用質地會越來越好，也是讓人能長壽的素材。

某大學研究，讓老鼠分別住在木頭、混凝土、鐵的籠子裡生活，發現木頭製成的籠子比起其他材質的籠子的老鼠更加長壽。這就是我盡可能地使用木製素材裝潢的理由之一。

日本は木の文化。それは、火山によって土壌が豊かになり、四季もあり、雨がよく降るので、木が育ちやすいからだといわれています。

木は長く使えば使うほど、風合いが出る。そして木は、人が長生きできる素材でもあるのです。

ある大学の研究で、マウスを木、コンクリート、鉄骨の3つの檻で過ごさせたところ、木の檻のマウスが、一番長生きしたという結果が出たそうです。これは、私ができる限り内装に木を使っている理由のひとつです。

13

露臺烤肉
ウッドデッキでBBQ

露天平臺烤肉是龍岡會的「夏天風物詩」。

在藍天下進行的蔬菜肉捲派對，是用大家所栽培的現採蔬菜所製作。

視野寬闊以及舒服的微風，具有最好的開放感。在「櫻川」、「千壽」的機構，還可以欣賞到煙火表演。

建築物周圍的露臺及陽臺是其中幾個避難路線，寬度也十分足夠便於輪椅通行，萬一出現不可避免的情況發生可隨時進行避難。

ウッドデッキでのBBQは龍岡会の夏の風物詩。

みんなで育てた、採れたての野菜で肉を巻き、青空の下で大宴会。

見晴らしがよく心地よい風に、解放感も抜群です。たとえば「櫻川」、「千壽」では、花火大会を眺めることもできます。

ウッドデッキやバルコニーは、避難経路のひとつです。いざというときにどの方向にも避難できるように、車椅子が通れる幅を十分に確保。建物をぐるりと囲むように取り付けています。

14 靜態空間、動態空間
静の空間、動の空間

經過歲月的增長，年長者適應四周環境的能力會越來越差。

因此機構在設計階段便是經過細密的整合，以軟體為基礎、硬體為概念，完成這簡潔俐落的空間規劃。

所謂「靜的空間」是能夠以慢步調的生活環境，被大自然所圍繞，在幽靜空間享受時間流動。

另一方面，「動的空間」是指娛樂活動與復健運動所使用的公共空間，以注重人們之間互動往來的生活型態為主，讓使用者能一邊在館內生活，一邊透過空間的使用感受時光、世界的變化。

高齢になると、環境に順応することがむずかしくなってきます。

だから介護施設では、設計の段階から、「ソフトに基づいたハード」を綿密に考えることが大切。私が考えたコンセプトは、メリハリのある空間です。

「静の空間」は、ゆっくりと過ごす居室スペース。自然に囲まれて、静かに内観する時間が流れます。

一方で「動の空間」は、レクリエーションやリハビリを行う共用部。人が行き交い、暮らしにアクセントを与えます。館内に居ながらにして、空間ごとに世界が変わるような動線を考えました。

15 / 不近不遠、適當的距離感
近すぎず、遠すぎず

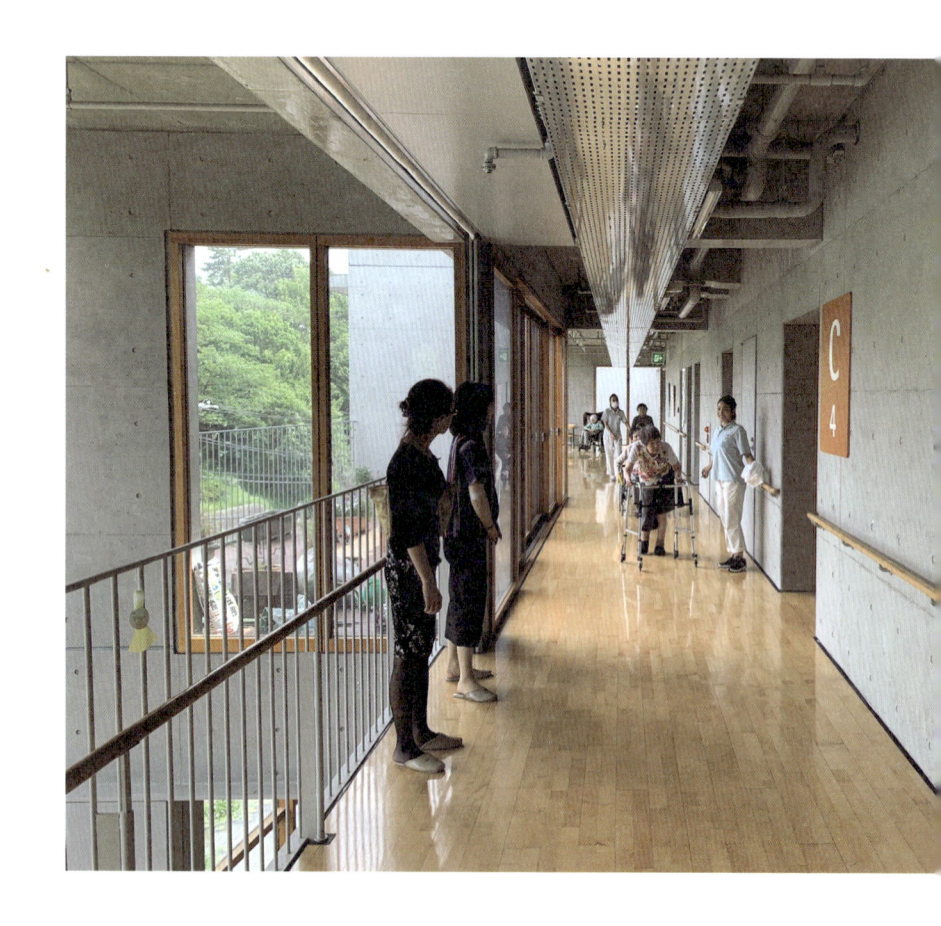

使用長照機構的客戶能夠感受到與照護員之間有著不近不遠、剛剛好的距離感，雖不是真正的家人，但有如家人般體貼互動的一面。這樣的距離感能從空間設計中體現，如採用現代挑高設計的設施中，寢室的天花板仍採用較低的設計等。「青葉之丘」的短期入所生活照護，亦透過中庭環境產生的生活互動，創造出彼此之間相互支持的特性。

介護をする人とされる人の距離感は、「近すぎず遠すぎず」くらいが丁度よい。家族ではなく、家族のようなスタッフだからこそ、思いやりを持った関係が築きやすい面もあります。そんな距離感を、空間づくりにも反映しています。モダンな吹き抜けのある施設でも、居室の天井は低めに設定。「青葉ヒルズ」のショートステイエリアは、中庭をはさんでお互いの暮らしが感じられる、向き合わせのユニットです。

16 北歐家具的秘密
北欧家具のシークレット

龍岡會所使用的是北歐製、專門針對日本人體型訂製的傢俱，包含椅子、沙發、桌子、床等等。

北歐製的椅子經過長時間使用也不會覺得疲累，坐起來相當舒適。日本至今製作椅子的技術仍不足以與北歐匹敵，不禁會想，北歐到底有什麼我們所欠缺的祕密技術呢？

北歐一直以來都是先進福利國家的先驅，椅子基本上都是使用耐高溫的布料所製成，日本的機構則是比較傾向採用塑膠材質，就算不小心失禁了即可馬上擦拭。不過哪一種使用起來的感覺比較好，我想不用解釋也相當清楚吧。

龍岡会の家具はすべて北欧製。椅子、ソファ、テーブル、ベッドまで、日本人が合うサイズにセミオーダーしています。

北欧製の椅子は長時間座ってもまったく苦にならず、座り心地が抜群。椅子の文化が浅い日本にはかなわない「シークレット技術」が、北欧にはあるのでは？と、思わずにはいられません。

昔から、福祉先進国を謳う北欧では、高温で洗えるファブリック製の椅子が主流です。対して日本の施設は「失禁してもすぐに拭き取れる方がよい」という発想でビニール製。どちらの方が使い心地がよいのかは明白ですよね。

17 不論到何處都有休憩的位置
どこにでも椅子

長者比我們想像的還要容易疲倦,為了能夠隨時隨地方便休息,我們在館內的各個角落、通道都有放置桌椅。如此成為便於大家閒話家常的好去處,在這裡可以眺望著黃昏,觀賞夕陽西下,讓客戶能夠有如同在自己家一般輕鬆自在的感受。

どこでも、いつでも休息ができるように館内には随所にテーブルや椅子を配置しています。高齢者は、私たちが思っているよりもずっと疲れやすい。いつもの通り道にさりげなく椅子やテーブルが置いてあり、そこが定例の井戸端会議の場になったり、窓から夕陽を眺める黄昏スポットになったり。ゲストが思い思いに「自分の場所」として、利用してもらえるような仕掛けを考えました。

18 / 簡潔明瞭的室內動線規劃
子どもあつかいしないサイン

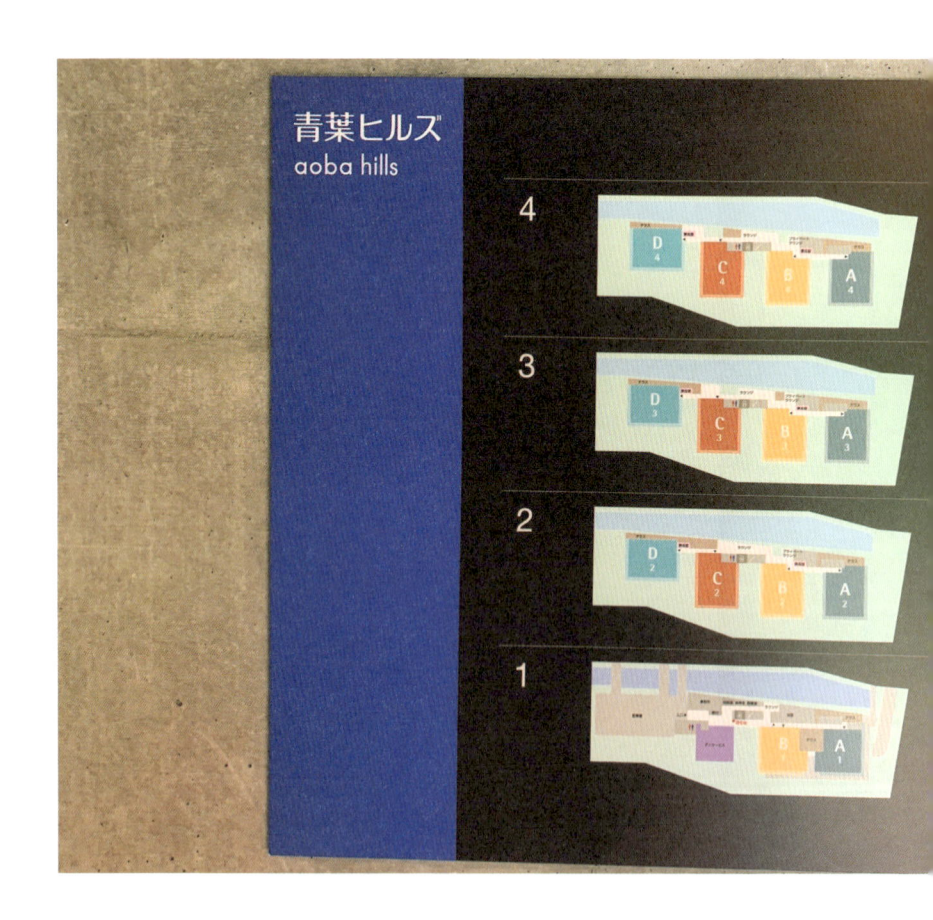

機構內牆面的色系搭配，是為體恤白內障及青光眼患者們，便於辨識看板以及標誌所傳達的訊息所設計。不論何時何地都可以簡單明瞭地呈現出著名設計師的洗鍊與細緻特性，堅持美好的事物需從日常可見細節中留意。

看板やロゴなどのサインは、白内障や緑内障の人でも情報がきちんと伝わるように、壁の色と相性がよい色をカラーユニバーサルデザインから選びました。サインには、著名なグラフィックデザイナーの洗練されたデザインを採用しています。どこでも、誰にとっても、わかりやすく、センスよく。毎日目にするものだからこそ、美しいものにこだわります。

19 泡澡是日本的文化
湯船に浸かるのはニッポンの文化

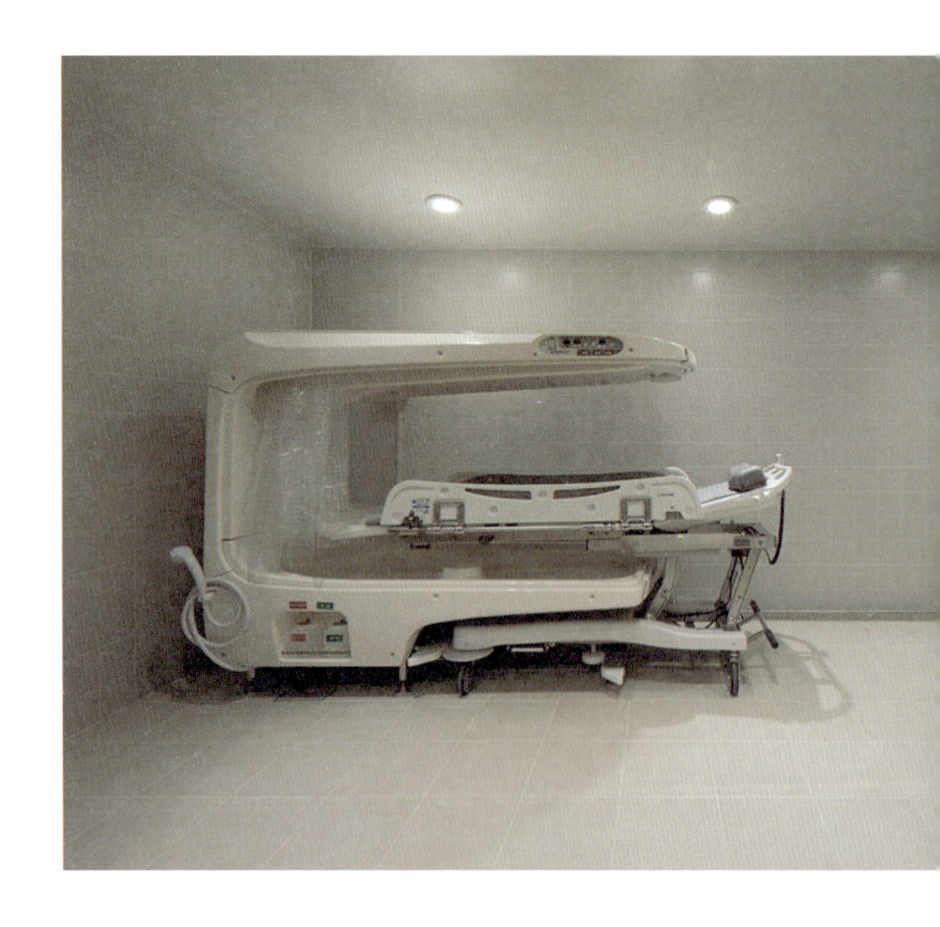

龍岡會所使用的入浴設備並不是浸浴式護理浴缸，而是大澡堂的形式且帶有升降功能的浴池。對於日本人來說最幸福的時刻，不外乎就是能夠泡著澡，享受溫泉帶來的放鬆感，邊說著「啊！真是個好溫泉啊！」在大澡堂泡澡時，大家也會開始閒話家常起來，進而促進人與人之間的互動。

沐浴照護造成事故的風險很高，需要非常細心的照護，隨著入浴人數的增加，所需的職員數量也必然得提高。但我們所期望的是能夠讓客戶享受泡澡時的幸福感，進而從入浴設備進行構思與調整。

―――

龍岡会の入浴設備は、寝たまま浸かるような機械浴はほとんどありません。代わりに、大浴場に座ったままで入れるリフトを設置しています。「あぁ、いい湯だな~」と湯船に浸かるのが、日本人ならではの至福のひととき。大きな湯船にみんなで浸かると、話も弾むものです。

入浴ケアーは事故のリスクが高く、細心の注意を払いますが、一度に入る人数を決めたり、スタッフの人数を増やしたりして、ゲストが満足ゆくまで、お風呂を楽しんでいただけるように努めています。

Chapter 3 傳承龍岡會三十年來的關鍵 57

20 腦中可感受到鮮味的飄散
おいしさは脳で感じる

現在科學發展到能夠發現「鮮味」的時代已然到來。

但我認為能真正感受到「好吃的味道」是由大腦所生成的訊息。米飯及味增湯是日式家常餐桌料理，因此每一餐工作人員都會煮米飯和味增湯。同時，有嗅覺刺激直接連結到本能一說。因此，每當接近用餐時間，食物的熱氣與香味飄散開時。失智症患者感受到食物所散發出的香味，進而透過本能有所感受：「現在是要吃飯了嗎？」，並且能主動看向飄散出香氣的位置。

今は、科学が進化して「うま味」成分が発見されたりする時代。

でも私は、本当のおいしさは脳で感じるものだと思っています。だから、ご飯とお味噌汁は、ユニットごとのキッチンで毎食スタッフがつくっています。ご飯とお味噌汁は、家族の食卓の象徴です。また、嗅覚の刺激は本能に直結するといわれています。食事時間が近づくと、湯気や香りがフロアー内に漂い、認知症の方も「ご飯かな？」と、ひょっこり顔をのぞかせます。

21 / 吃的三十秒規則
食の30秒ルール

「熱食保持熱騰騰的溫度,冷食保持冰涼涼的溫度」

生活在這裡最大的樂趣就是食物的多樣化,而我們職員傾盡全力提供美味的料理,滿足客戶們的需求。

我們的目標是從盛盤後30秒內就可以送到客戶面前。每餐都是客戶坐好後開始盛盤,盡可能提供他們溫熱的食物。雖然要提供那麼多人的料理非常的不簡單,但是以客戶的立場來看,提供這些服務是我們的職責所在。

「温かいものは温かく、冷たいものは冷たく」。

暮らしの中で一番の楽しみともいえる食事への配慮は、スタッフ総出で取り組みます。

目標は、盛り付けてから30秒以内に、ゲストの口に入ること。毎食、ゲストが席についてから盛りつけるので、できたてホカホカの食事が提供できています。大人数の食事を一気に用意するのは大変な労力ですが、ゲストの立場に立って考えると、当たり前のことなのです。

22 / 好吃的東西就是要跟大家一起吃
好きなものを、みんなで一緒に

就算是在醫院，事前給予被照顧者菜單，讓長者能依據喜好決定自己的餐點，這種模式非常常見。在龍岡會中，被照顧者也可根據當天心情決定午餐、晚餐，與甜點進行選擇性的搭配，當然從食材準備及料理這方面而言是非常不簡單。

我們讓職員跟客戶吃相同的餐點，並且在同個餐桌上吃飯。要理解客戶正在吃什麼，實際試吃是最好的，與客戶一同吃飯不僅能夠讓餐桌更熱鬧，也可以發想出新的菜單，是個一石二鳥的好主意。

たとえば病院では、事前に食事メニューを渡して、あらかじめ食べるものを決めてもらうことが多い。龍岡会では、昼夜の食事とおやつは、その日そのときの気分で選んでいただきます。これは、食材の仕入れや調理のことを考えると、なかなかむずかしい。

そこで私は、スタッフもゲストと同じ食事を、同じテーブルでとるようにしました。ゲストがどんな食事を食べているのかは、実際に食べてみるのが一番。やかな食卓になるだけではなく、メニューのアイデアも生まれる、一石二鳥の名案です。

23 照護飲食的革新
介護食のイノベーション

龍岡會從2012年開始改革照護飲食，如將醬油、酒、味增等調味料替換為無食品添加物的產品，以及租借在新潟縣南魚沼郡湯沢町的休耕地，挑戰無農藥稻米栽培等。

這樣的革新同時也兼具食品教育課程的功能，鼓勵職員的孩子體驗稻米種植的成長過程。另外在長野縣也有蘋果的栽種。

我們相信追求食品安全和美味的探求心，能為客戶帶來最滿意的料理。

龍岡会では2012年より、介護食改革をスタート。醤油、酒、味噌などの基本調味料を、無添加のものに切り替えました。また、新潟県南魚沼郡湯沢町の休耕地を借りて、無農薬の米作りにも挑戦。

実はこれは、食育も兼ねています。スタッフの子どもも参加して、稲作に励みました。他にも、リンゴは長野県へ収穫に行きます。

食の安全と美味しさへの探究心、それが、ゲストが満足できる食事につながると考えています。

24

豐盛的一餐
ハーティーミール

"Hearty Meal" 是我們所說的「豐盛的一餐」，我們相信對吃的渴望能夠使生命重生。

因此龍岡會協助在客戶在人生最後的這段旅程，提供對方最想吃到的料理。

菜色包含鰻魚到仙貝等等，果然客戶們還是比較習慣吃日式料理。

無論身體狀況有多糟糕，人生最後的時光仍能笑著吃自己想吃且最美味的料理。

※ "Hearty Meal" 已在專利局註冊商標。

「ハーティーミール」は私たちがつくった言葉で、「心のこもった食事」という意味。「食べる意欲が命を再生させる」と信じています。

だから龍岡会では、ゲストが最期に食べたいものを食べられるようにつくるという課題に、チャレンジし続けています。

メニューは鰻だったり、お煎餅だったり。やっぱりみなさん、日本食が多いですね。

どんなに身体の状態が悪くても、顔をほころばせて、美味しそうに召し上がります。

※ "Hearty Meal" は、特許庁で登録されている登録商標です。

25 職員是藝術家
スタッフ芸術家

「人生中不可缺乏藝術」是我的生活美學,藝術可以為生活帶來光彩。

音樂及繪畫在復健醫學方面有著顯著的效果,不放過任何有效療程是龍岡會的方針。

因此我們積極招募有藝術及音樂學習背景的職員加入,與客戶共同創作各個美妙的作品,在專業的領導下,客戶的作品完成度都有顯著的提升。並於1998年大倉飯店以及2011年的帝國飯店中舉辦作品展覽。

「人生にアートは欠かせない」。これは私の生き方の美学。アートは生活に彩りをもたらしてくれます。

また、音楽や絵を描くことは、医学的にリハビリ効果も期待できるのです。そして、何でも本物を取り入れるのが龍岡会の方針。

美大や音大を卒業したスタッフを迎えて、ゲストと一緒に作品づくりを行っています。プロが導くと、ゲストの作品の完成度もずいぶん上がります。1998年にはホテルオークラで2011年には帝国ホテルで展覧会を開催しました。

26 護理科學 = 尋求答案
ケアーサイエンス®＝答えを出す

以"Evidence Based Medicine"（實證醫學）為基礎，創造出"Care Science®"（護理科學）與"Evidence Based Care®"（循證實踐）。

以醫學的角度而言，依數據分析提供最合適的照護是理所當然的，但目前尚無法在照護領域中實現。如認知障礙患者的行為一定有其理由，但他們無法自主的傳達實際想法，這種情況下就會非常需要臨床數據來作為照護參照，而龍岡會皆定期收集與記錄其相關數據，並積極的參與國際研討會分享交流。

※ "Care Science"、Evidence Based Care" 已在專利局登陸註冊商標

"Evidence Based Medicine"（根拠に基づいた医療）という言葉を基に、"Care Science®"、"Evidence Based Care®" という言葉をつくりました。

データに基づいた最適なケアーを提供することは、医療では当然のことでも、介護では実現できていないのが現状です。たとえば、認知症の方の問題行動には必ず理由がある。でも彼らは自分で意思を伝えることができないので、臨床データが必要です。龍岡会では日頃からデータを収集し、国際学会にも積極的にエントリーするようにしています。

※ ケアーサイエンス "Care Science®"、"Evidence Based Care®"
　は、特許庁で登録されている登録商標です

27 實現各個小小的夢想
小さいな夢を叶えるプロジェクト

龍岡會接受客戶提出「想再一次去的地方」，如想再重溫新婚旅行時到訪過的景點，或是充滿兒時回憶的小學。

開始計畫的最初，必須在醫師和護理師所組成的醫護團隊，多方評估健康以及安全，並在萬全的準備後才能進行。

我們看到客戶因此受到激勵變得很有精神，參與實現客戶小小的夢想，我們比誰都為他們感到開心。

龍岡会では、「もう一度行きたい場所へ行く」リクエストを受け付け中。ゲストが希望する先は、新婚旅行で訪れた場所や幼少時代に通っていた小学校など、思い出の場所が多いです。

もちろん計画段階から、医師や看護師、ケアースタッフがチームを組んで、健康面・安全面の配慮も万全に整えます。

その日を励みに元気になっていくゲストの姿を見るのが、何よりうれしい。ゲストのささやかな夢を共に達成する喜びは、格別です。

28

出門的另一個目的
外出のもうひとつの狙い

不論電影觀賞、國技館觀賞相撲以及溫泉旅遊等外出活動，都是讓客戶進行復健和社會參與為目的，並藉積極的外出使社會保障能更加地接近年長者的所需方向改變。

以前電影院的輪椅放置的位置通常是設在影廳最前排，或者是高速公路休息站的專用停車位，離廁所的位置幾乎都有一定的距離等不便之處。每逢有需要改善的地方或意見，我們都會依實際使用情況適時地提出建議。

外出イベントは、映画鑑賞や国技館での相撲鑑賞、温泉など、どこへでも積極的に出かけます。一番の目的は、ゲストのリフレッシュや社会参加のため。もうひとつは、外へ働きかけることで、社会整備を高齢者に寄り添ったものに変えていって欲しい、という思いがあります。

以前は、映画館の車椅子スペースが一番前に設置されていたり、高速SAの福祉車の駐車場が、トイレから離れた場所にあったりしました。その都度、私たちは、施設へ意見を伝えるなど、アクションを起こしてきました。

29
連結地區性的特色
地域への架け橋

龍岡會：龍岡、青葉之丘：青葉台、千壽：千住，都是基於地名所命名而來。

對於地方上的情感及敬意，盡可能的能夠表達出來。比如當時建造「千壽」前的這塊土地原本是座染布工廠，我們就把浴室簾子的圖案，設計成「千住」地方上的街景，而牆壁及天花板則混入一些藍色塗料，使室內風格盡可能與當地風情結合，成為連結地方的橋樑。

「龍岡会」は「龍岡」、「青葉ヒルズ」は「青葉台」、「千壽」は「千住」など、実は施設名は、そこの地名をもじっています。

地域に対する愛情や敬意は、できるだけ形で表わしたいと考えています。例えば「千壽」が建っている土地は、元は染め工場。だから、浴室の暖簾は千住の街並みを描いた染め物に、壁面や天井の塗装には、わずかに藍の塗料を混ぜました。その思いが、地域との架け橋になっています。

30 照護無國界
介護に国境はない

長壽是人人所嚮往的，話雖如此，各個先進國家都面臨必須盡快地提出能夠解決高齡化的對策，因不論人種、宗教、經濟起伏等，人們都不會停止老化。

無論任何國家，每個人的所學、所想，都是為了美好光明的未來而努力，因此龍岡會同時積極的推動海外視察，讓職員能夠一年一次去北歐等國家，進行海外研習。

體驗世界文化、增廣見聞，同時豐富職員的人生經歷，從結果上來看更能夠提供良好的照護服務。

長生きすることは、人類誰もが望むこと。とはいえ、先進国のどの国でも、高齢化問題への対応策は急務。老いは、人種や宗教に関係なく、景気の流れにも無関係。とどまることがありません。

国境を越えて、みんなで学び考えていくことが、明るい未来をつぐるのです。そんな思いから、龍岡会では、海外からの視察を積極的に受け入れています。また、スタッフには年に一度、北欧をはじめとした海外研修を実施。

世界の文化を肌で感じ、見聞を広めて欲しいと思っています。スタッフの人生が豊かになると、結果としていいケアーにつながるからです。

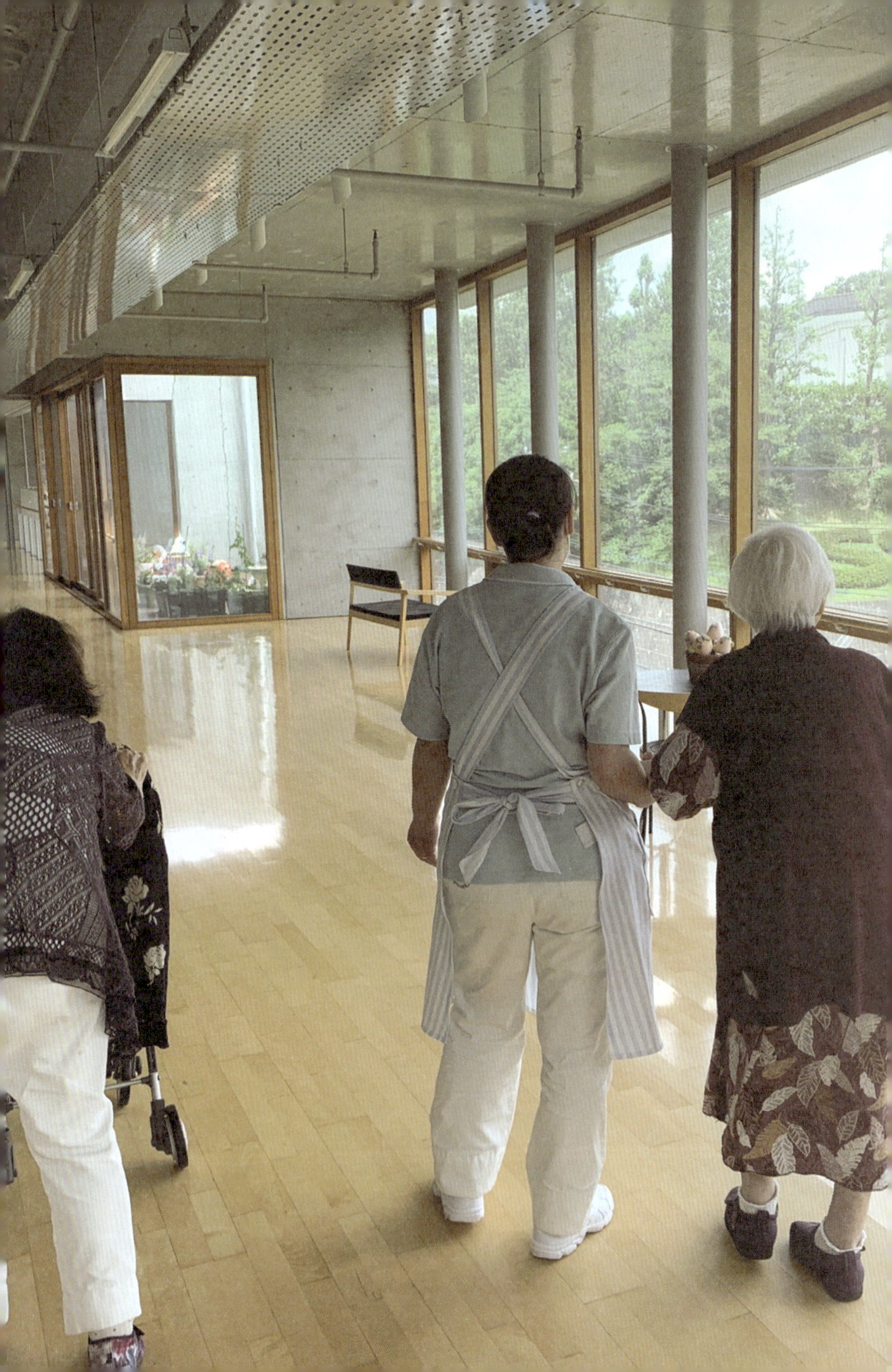

Chapter 3 | 採訪：職員介紹

● 照護部門 ●

一生青春、一生感動

曾經想成為一名足球選手的「青葉之丘」照護服務員：星英介先生。為了追逐夢想，他曾認真挑戰日本職業足球甲級聯賽，最後為了生活而栽進了照護的世界裡，驀然回首也已經過了 15 年了。星先生現在身為樓長，其中一項所掌管的業務為「想再一次去的地方」的外出企劃。

兩年前有客戶提出想去新潟縣長岡看煙火大會表演，那裡也是我的故鄉，於是我便協助規畫一日來回的彈丸之旅[1]，從交通方式到行程安排皆由我一手包辦。旅途中能夠吃到信州蕎麥麵和鹽澤產的越光米飯糰等當地美食，在到達目的地之前儘可能創造出各個小回憶。當晚，美麗的煙火照亮著夜晚的星空，令客戶深深迷戀此地且流連忘返。

但年長者的旅行總是伴隨著許多必須留意的事項，比如早晚溫差大、旅途中的如廁問題、飲食型態的改變等，都有可能使長者們暴露在危險之中，因此風險評估等事前規劃，需與客戶需求間取得適當的平衡。

---

[1] 「彈丸」為日本用語，指的是利用有限時間（如週末）進行短期、行程快速的小旅行。

龍岡會理事長常說：「與其為避開可能的風險和客戶所提出的要求間掙扎，不如以讓客戶能擁有美好且深刻的回憶為出發點，依此作出合適的選擇，才能夠體驗到最美好的回憶。」若顧客能夠感動、就能夠隨時回到青春時代。星英介先生抱持著此體貼的心，持續的回應客戶的期待來做規劃。

HOSHI EISUKE
星英介

青葉之丘照護部門主任

在福祉大學學習關於運動指導員相關課程後於療養型醫院任職，因最敬愛的祖母過世，進而轉職至「青葉之丘」。

●介護部の取り組み●

一生青春、一生感動

「サッカー選手になりたかった」という「青葉ヒルズ」のケアースタッフ・星英介さん。夢を追いかけて、Jリーグの試験をチャレンジし続けていく中で、生活のために入った介護の世界。気がつけば、介護歴約15年。今では、フロアー主任としてスタッフを束ねる存在だ。そんな星さんが関わってきたプロジェクトのひとつに、「もういちど行きたい場所へ行く」という外出企画がある。

2年前に、「日本一大きな花火を見たい」というゲストがいたときは、新潟県の長岡花火大会へ、日帰り弾丸ツアーを決行。僕の故郷だったので、運転手役からツアー企画まで、中心になって考えました。まずは、信州そばや塩沢産コシヒカリのおむすびなど、旅の途中でその土地ならではのものを食べられるお店のリストアップから。旅は目的地へ行くまでの小さな思い出が記憶に残るものなので、コースはシミュレーションしながら綿密に考えました」。その晩、夜空一面に咲く満開の花火が、ゲストの心に打ち上がった。

高齢者の旅は、寒暖差対応やトイレ誘導、食事形態など、しっかり対策しないと生命の危険を伴う。そのため、常にリスクと要望のバランスに悩まされるという。「龍岡会では、トップに立つ理事長が『リスクを避けるよりも、ゲストに感動を与えよう』という考え。だから僕たちケアースタッフも、ゲストにとって一番よい選択をするように心がけています」。

感動するハートがあれば、いつまでも青春時代。そんな思いで、星さんはゲストのリクエストに応え続ける。

星英介
<small>ほしえいすけ</small>

青葉ヒルズ 介護部フロアー主任

福祉大学でスポーツインストラクター学を学んだ後、療養型病院で介護職に就く。大好きだった祖母を亡くしたことをきっかけに「青葉ヒルズ」へ転職。

● 照護部門 ●

傾心於夢想以及堅強不屈的態度

「未取得證照而成為正式職員的好像就只有我呢！」照護服務員小林啓子小姐笑著說。因為大森理事長的一句話：「你成為正式職員會比較好」，是她成為正式職員的契機。

從國中、高中到大學畢業後，因想當國文教師而成為了流浪教師，那段期間一位很要好的朋友在做照護服務的工作，為了考上教師前能夠糊口而選擇在「淺草」的機構打工。

之後在大森理事長的推薦之下，以正式職員身分進入公司，在第一天的教育訓練中看到客戶們合唱著《故鄉》，「當下那由歷史交織而成有重量的歌聲，使得我感受到前所未有的悸動」。但在另一方面，協助處理排泄照護的工作中，「把人的褲子脫下來這行為還是讓我卻步」，這也讓前輩們感到困擾。

護理師會常被問護理方面的問題,而且總是要問到他們滿意為止,但我幾乎沒學習過照護相關方面的知識,對於其他同事來說似乎非常的特別(笑)。這段時間經常與同期的職員談論護理相關的話題直至深夜,這樣的好奇心及熱情,使我之後能夠勝任「千壽」的開幕至今的護理長。這裡是懷抱著夢想和培養堅忍性格的地方,如對客戶沒有好處的事就毫不猶豫不予考慮,直接了斷的處世原則令我非常認同。希望未來在年幼學子理想職業的排名中,照護服務員的志願能晉身到第一名,並以此跟隨著理事長,共同為追求更上一層的理想而努力。

KOBAYASHI KEIKO
小林啓子

**千壽介護老人保健設施
照護部門護理長**

2001年以正式職員任職,曾在「淺草」、「櫻川」擔任照顧服務員,後於「千壽」任職至今。

● 介護部の取り組み ●

「夢見がち」なところと、「タフ」なところと

「無資格で正社員になれたのは私くらいです」と笑う、ケアースタッフの小林啓子さん。

決め手は、大森理事長の「あなたは正社員で働いた方がいい」の一言だったという。「大学卒業当時は、中学・高校の国語教員になりたくて、教職浪人をしていました。その頃、仲のよい友人がヘルパーをしていたので、それで教員試験までの働き口に、と「浅草」のパート募集に申し込んだのです」。

さて、大森理事長の勧めるままに、正社員として入社を果たした小林さん。初日の研修で「故郷」を合唱するゲストの姿を見て、「歴史を積み重ねてきたような重みのある歌声に胸が震えた」と感動。一方で、排泄介助の場面では、「人様のズボンを下ろすなんてこと、できません！」と抵抗し、先輩スタッフを困らせたことも。「ケアーの医学的根拠について、納得するまで看護師さんを質問攻めにしてしまったこともあります。介護の勉強をしてこなかったからこその疑問は、他のスタッフにとっては新鮮に映ったみたいです（笑）」。

同期と深夜まで、介護談義に熱中することもしばしば。そんな好奇心と熱意が実を結び、「千壽」ではオープニングから介護長を務めている。「大森理事長の"夢見がち"なところと"タフ"なところ、そしてゲストの利益にならないことはバッサリ切り捨てる潔さに、とても共感しています。介護職が子どもたちのなりたい職業No.1になることを目指して、これからも理事長と一緒に、理想の介護を究めていきたいです」。

<small>こばやしけいこ</small>
小林啓子

**千壽介護老人保健施設
介護部介護長**

2001年に入社。「浅草」「櫻川」でケアースタッフを務めた後、現職に就く。

● 諮商部門 ●

設施概要：諮商心理師

在龍岡擔任諮詢部部門總經理已達 14 年的池田未步，口齒清晰有條理的態度，雖然看起來很年輕，但給人的感覺很可靠。

在進入公司後遇到的第一個想突破卻突破不了的屏障，那時前輩對我說：「歲數不可能馬上增長到 40 歲，對於許多事或許會感到沮喪，即便是男性也會遭遇到的。」這句話支持我到現在。

我任職機構的諮詢部是機構的窗口，客戶在自家照護或安置於機構，過程都必須與專家討論並居中協調細節。「龍岡會的諮詢員幾乎都是剛畢業就進公司任職，所以必須在照護經驗不足的情況下，現場與比自己年長不少的客戶及其家人溝通討論。當我還是新人時，會議前還曾緊張到躲在廁所裡呢（笑）。」由於必須得一五一十的道來自家的情況，因此若對象是年輕職員，勢必會因年齡和性別的印象，讓客戶造成種種的不信任感，這是擔任龍岡會的諮詢員必須克服的課題。

「諮詢部部門總經理必須由副院長所擔任」。數年前大森理事長再次通知全體同仁，諮詢部作為面對各機構中的客戶及其家人的對口，擔任著龍岡會理念的傳播者，因此非常期待諮詢部方面的表現。

「我在 26 歲時成為部門經理,這對一般的企業或福利機構都是無法想像的,即便如此,我會以年輕的優勢執行所交付的職責,朝向我該走的路邁進。」知識與工作經驗的累積是力量的泉源,需親自用雙眼觀察,向各個照護職員與其他部門職員打聽最新消息,並與住得較遠的家庭透過 E-mail 與電話保持密切聯絡。「雖然是不一樣的風格,但在前檯服務客戶也算是諮詢員的工作內容,在其中獲得第一手消息還是最有效率的,從接待客戶或是家人的談話中可以感受到他們的情緒變化與需求。」

現在龍岡會的諮詢員一個人需肩負約 70 位客戶,整體來說人數並不算少,但池田並不在乎、不覺得是負擔。「之所以能勝任這項任務,應是仰賴我們建立了完善的合作體系,至今我依舊感到非常有價值,照護是與死亡相互關聯的產業,無法有答案的事情太多了,但是在尋求答案的過程中,如何貼近感受到客戶的需求仍是最重要的事。」

IKETA MIHO
池田未步

龍岡介護老人保健設施
諮詢部部門經理

2002 年進入公司,於 2005 年升任經理。作為照護經理,制定照護計畫並同時守著龍岡第一線的諮詢窗口。

●相談部の取り組み●

施設の要、ヒューマンコーディネーター

「龍岡」で相談部長を務める池田未歩さんは、今年で勤続14年目。

見た目は若いが、はっきりとした口調で丁寧に話す様子に安心感を覚える。

「『悔しいかもしれないけど、今すぐ40代にはなれないし、ましてや男性にもなれないよ。』これは入社後はじめて壁にぶつかったときに、先輩から言われた言葉です。今でも、その言葉が心の支えになっています」。施設の窓口となる相談部は、ゲストが在宅と施設のどちらに住んでも必要なサービスが整備されるように、医師や理学療法士、ケアーマネージャーなど、施設内外の必要な専門家と相談をし、そのつながりをコーディネートする。「龍岡会の相談員は、ほとんどが新卒で入職しています。そのため、ケアーの現場経験はなく、ゲストのご家族は自分の両親よりも年上の人ばかり。新人の頃は緊張のあまり、面談前はトイレにこもっていました（笑）」。家庭の事情を明かさなければならない家族にとって、若いというだけで不信感を見せる人も少なくなかったという。カバーしきれない年齢と性別の壁。これは、龍岡会の相談員が、必ずぶつかる課題のひとつ。

「相談部長は副施設長あつかいとする」。数年前、大森理事長はあらためて全施設に通知した。家族やゲスト、さらには一緒に働くスタッフたちに、龍岡会が掲げる理念を伝える伝道者として、相談部の役割が期待された。

「私が部長になったのは26歳。一般の企業でも他の福祉施設でも、考えられない若さです。それでも私は、与えられた役割をまっとうしようと、若さの"メリット"に目を向けるようにしました」。

それは、パワーとフットワークの軽さに尽きる、と池田さん。パワーの源は、知識の習得とそれを体得していく現場経験の積み重ね。そして、自ら足を

動かしてフロアーに上がり、ケアースタッフをはじめ他部署のスタッフたちからゲストの情報収集をするフットワーク。遠方の家族であっても、メールや電話など密なコミュニケーションを常に心がけてきた。

「珍しいスタイルですが、受付のオープンカウンターが相談員の職場ということも、情報をキャッチすることにひと役買っています。受付越しにゲストやご家族と何気なく会話する中に、ちょっとした変化が垣間見えるのです。考えてみれば、相談員は施設の窓口なので、受付に立つのは自然なことかもしれませんね」。現在、「龍岡」の相談員は、一人約70人ずつ担当を持って」る。決して少なくない人数を抱えていても、とくに意に介していない様子の池田さん。「協力体制ができているからなのかも。今は、ここまで任せてもらえているということにやりがいも感じています。介護は死と隣り合わせ。明るい答えが出ないこともたくさんある世界ですが、答えにたどり着くまでの過程でいかにゲストに寄り添えるか、ということを、何より大切に考えています」。

池田未歩
（いけたみほ）

龍岡介護老人保健施設
ヒューマンコーディネーター部長

2001年に入社。「浅草」「櫻川」でケアースタッフを務めた後、現職に就く。

• 企劃部門 •

提高員工滿意度的機制

龍岡會1996年創立至今的資深員工，佐藤亞希子於2004年設立企劃部起後便獨自承攬業務，工作內容主要是提高員工滿意度、因應法律制度的修改，需將服務內容依實際情況進行適當變更，包含職員壓力的應對到職場環境的整頓等。

諮詢員是老人照護機構的關鍵，所以無論大森先生跟誰相處，心理、肢體或言語上的互動，都能使對方感到親切沒有距離。龍岡會主要招募者為應屆畢業生，在《介護保險制度》尚未實施前，照護產業中有資歷、有經驗的待遇是最好的，而諮詢員必須有10年以上的實戰經驗，因此甫進職場的新鮮人幾乎不可能成為諮詢員，但大森理事長卻反其道而行，在當時便積極地選用應屆畢業生。我在進入公司沒多久，隨著大森先生以及另外兩名職員去東京都廳辦理手續時被問：「小姐，你這麼年輕能勝任諮詢員的職位嗎？」這句話猶言在耳，但當時大森理事長若無其事的對我說：「我就是認為他能勝任這份工作我才僱用他的」。

理事長的經營理念至今都沒什麼改變，特別是在剛開業起步時，不想被既有框架給束縛、試圖改善照護環境的情形，常常遭受到許多頭腦頑固的官員冷嘲熱諷。為彌補我對諮詢員的工作知識仍不足，身為主管必須在帶領下屬的同時，也能與資深職員一同工作。

但依自己原有的知識，仍無法在面對臨時的情況當下作出最適當的處置，於是與大森先生討論希望能在工作期間去進修。而後就讀研究所時進行的研究主題是：「社會工作者的壓力管理」，此後順利的完成學業，同時公司設立企劃部門，當時都還只有我一個人。我的工作內容主要是設計改善職員的行政事務、管理福祉相關業務、增設新的與基礎的業務體制，必要時也須協助制定教育學習及安排課程。我的責任便是讓每位同仁從基本庶務到全面的企劃工作都能參與，體會到工作完成後的成就感，並結合各個臨場不同狀況，再由現場職員進行細部修改至完成。

若能改善健全職場環境，那麼職場內的同仁就能夠互相幫忙提供更好的照顧服務，因此應珍惜任何可以提升學習動機的機會。每次我煩惱該如何做決定時，理事長總是告訴我，就按照自己的想法去做吧，如果是為了工作同仁的話，就嘗試利用自己所遭遇的經驗，靈活的運用在職場上。理事長身處在理念傳達的立場，容易造成現場的對應方式會有所差距，而我的職責就是成為這之間的溝通橋樑和潤滑劑。

SATOU AKIKO
佐藤亞希子

龍岡會企劃部門企劃總監

大學畢業後於1996年任職龍岡會，在工作期間6年後，進入日本女子大學研究所進修。活用研究所所學及社會個案工作經驗。2004年任職於現職至今。

● プロジェクト部の取り組み ●

スタッフの満足度を高める仕掛けづくり

プロジェクト部のプロジェクトリーダー。佐藤亜希子さんは、龍岡会がスタートした1996年から勤めるベテラン社員。2004年にプロジェクト部が設立して以来、一人で業務をこなしてきた。業務内容は、スタッフの満足度を高める仕掛けづくり。法制度の改正に伴うサービス体制の変更からスタッフのストレス対処法まで、働く環境を整備する。

老人保健施設の要となる相談員からのスタート。だからこそ、大森さんとは心理的にも物理的にも距離が近く、話しやすかった。

「私は新卒採用でした。当時は介護保険制度がはじまる前だったので、福祉業界は厳然たる経験者優遇の時代。相談員になるには10年の現場経験が必要だといわれていて、新卒で相談員になるのは考えられなかった。大森理事長は、その頃から新卒採用にこだわっていました」。入社後まもなく、大森さんと2人で都庁に手続きに行った際、「お嬢さん、その若さで相談員がつとまると思っているの?と言われたことは今でも忘れられない、と話す。そのとき大森さんは、「やれると思っているから雇っています」と、涼しい顔で答えていたという。

「理事長の理念はそれからまったく変わらない。とくに開設当時の若い頃は、頭が堅い役人の人たちに向かって、既存の枠にとらわれずもっと介護業界全体がよくなることを取り入れていきましょうと、何度も熱く抗議していました」。

働きながら学校に行きたいと相談したときも、それが佐藤さんにとって必要なことであれば行きなさい、と認めた大森さん。「相談員としての経験不足

を補うために、スーパーバイザーとしてベテランスタッフをつけてくれていたのですが、等身大で満足がいく対応ができず、悩んでいたときでした。

進学先の大学院の研究テーマは「ソーシャルワーカーのストレスマネジメント」。無事に卒業できたと同時に、プロジェクト部設立の話が入り、晴れてひとりだけの部署ができた。福祉の専門業務から管理職へ。日常業務に追われるスタッフに代わり、必要な研修や勉強会を企画したり、新しい業務体制の下地をつくる。「私の役目は基礎づくりまで。スタッフ一人ひとりに成功体験を味わってもらいたいので、個々のレベルに合わせて幅を残し、仕上げは現場に託します」。健全に働く環境であれば、みんなで助け合ってよいケアーが提供できる。そのために必要なモチベーションアップのきっかけづくりを、大切にしている。「私が悩んだとき、理事長はいつも、佐藤さんが好きなようにやればいいんじゃない？と言ってくれます。だから、スタッフのためになることなら、自分が悩んできたことや経験を活かし、フレキシブルに取り組んでいこうと。理事長は立場上、理念を伝える役なので、現場対応に追われるスタッフと温度差が生まれることもある。私はその潤滑油になれたらいいな、と思っています」。

佐藤亜希子
（さとうあきこ）

龍岡会プロジェクト部
プロジェクトリーダー

大学卒業後、1996年に入社。6年後、龍岡会に在籍しながら日本女子大学大学院へ入学する。大学院での研究とケースワーカーの経験を活かし、2004年現職に就く。

● 營養部門 ●

重現回憶的料理

入住「青葉之丘」前會詢問客戶：「對於您來說，懷念的料理是什麼呢？」

營養部門的今井敦子小姐在與客戶談話的過程中，幾乎都會如此詢問。回憶中所出現的料理味道，對於客戶來說記憶都非常鮮明，即使年齡有所增長，入口後所誘發出懷念的滋味可以溫暖著內心深處，再現那樣的料理就是我的使命。

龍岡會「Hearty Meal® = 飽含心意的料理」就是由今井小姐獨挑大梁，並非照著當日菜單製作，而是重現客戶「想再吃一次」的料理，因進入照護機構的客戶，他們因為健康因素無法像一般普通人那般進食，所以需將食材丟進攪拌機絞碎，在此情形下還能做出氣味與及外型兼具的料理，只能由前份工作為「照護食品開發」的今井小姐才能實現。

有一次，自家經營日本和菓子鋪的93歲女性客戶，喃喃自語著想再吃小時候的饅頭，但確定那位客戶想念的日本和菓子鋪已停止營業。那饅頭的條件是皮薄、豆沙餡好入口，今井小姐為了讓患有吞嚥困難的客戶能夠順利食用，馬上展開研究，首先做給護理師試吃，確認沒問題後，再請醫療專家檢查，確認對客戶身體也無害，而後給予客戶食用。是否能夠讓對方在吃進嘴裡的瞬間能夠回憶起兒時記憶中的的口感，心碰碰跳得把饅頭交給客戶，客戶一口吃進嘴裡後慢慢的綻開一抹微笑地說：「非常的好吃！有我家饅頭的味道！」沒有比讓客戶心懷感激地說聲謝謝更值得高興的了。事實上，這位客戶在吃饅頭後一個禮拜就過世了，但是她的家人非常驚訝能夠實現母親那麼久以前的願望。其他特製料理還有不加水的關西風壽喜燒、香氣撲鼻的軟食仙貝、江戶人鹹鹹甜甜的丸子，今井小姐所再現的料理已數也數不清。

製作完成前失敗是常有的事,例如在當時想製作出一樣硬度的仙貝,以及壽喜燒的調味濃度等,總是無法拿捏得很清楚。且依許多客戶的情況來說,做出一樣美味的食物、並能夠讓他們吃得下去,是比什麼都還要困難的,如果不馬上執行,客戶轉眼健康就惡化到無法進食也是常有的事,但以重度認知障礙患者來說,在什麼都已不清楚的情況下,卻能透過味覺的刺激產生些許的反應。

客戶能在最後安養時能透夠過氣味,回憶並喚起當時的情景,就是「今井式的回憶療法」。如「軟食仙貝」——味道濃郁且散發出醬油香氣,是以攪拌機打碎後製作,能夠呈現仙貝咬碎時吞嚥後的口感;「日本酒果凍」——把酒精蒸發掉再加上一點甜度後凝固,讓喜歡日本酒的客戶也能享受到酒慢慢滑落到喉嚨的口感,並搭配合適的盛酒器皿增加氣氛。

IMAI ATSUKO
今井敦子

青葉之丘營養師

曾任6年醫院營養師後在企業開發照護食品,2009年起任職於龍岡會。座右銘是:提供超越一般常識所無能及的長照美食。

● 栄養部の取り組み ●

思い出の料理をもう一度

「あなたにとって、懐かしい料理は何ですか？」。栄養部の今井敦子さんは、「青葉ヒルズ」に入居したゲストに問いかける。「ゲストとお話していると、必ずといっていいほど、思い出話の中に食べ物が登場します。その味はその人にとって、いつまでも色褪せない。大人になって口にしたときに、懐かしくて心が温かくなるような思い出の味の再現が、私の使命です」。今井さんの担当は、龍岡会独自の取り組み「ハーティーミール ＝ 心のこもった食事」。毎日の献立をつくるのではなく、看取りに近いゲストが、最期にもう一度食べたい料理を再現する。その場合、ゲストの多くは通常の食事形態がむずかしい身体状況のため、料理を一度ミキサーで粉砕してから、味や形を組み立てていくことも。前職が介護食の開発に携わっていた今井さんだからこそ、実現可能な技といえる。あるとき、お家が和菓子店を営んでいた93歳の女性ゲストが、「子どもの頃に食べていたお饅頭をもう一度食べたい」とつぶやいた。確認すると、ゲストの和菓子店は、とうに店を閉めているという。条件は、皮が薄くて口当たりがよい、漉し餡入り。今井さんは、嚥下障害があるそのゲストでも食べることができるお饅頭を、さっそくリサーチ。まずは看護師に試食してもらう。「うん、これなら心配ない。食べても大丈夫よ」。医療の専門家にチェックを受けて、身体的な問題はクリアできた。あとは口に入れた瞬間に、懐かしい思い出とリンクするか、それが肝心だ。ドキドキしながら、ゲストにお饅頭を差し出す。「美味しい！うちのお饅頭の味がする！」。ひとくち食べて、ゲストの顔がほころんだ。「ゲストの笑顔と"ありがとう"の言葉をいただくと、栄養士冥利に尽きます。実はそのゲストは、お饅頭を食べた1週間後にお亡くなりに．．．。ご家族にそのお話をご報告したら、母がそんな昔のことを覚えていたなんて、とびっくりされていました。」他にも、水を加えない関西風のすきやきや、香ばしい香りが

するソフト食のお煎餅、江戸っ子向けのあまじょっぱいみたらし団子など、今井さん作の再現料理は数知れず。一度目で「違う」と言われ、二度三度と挑戦したこともある。「当時と同じお煎餅の堅さや、すき焼きの味付けの濃さでは、思い出とリンクしないのです。今のゲストの状態で同じように美味しく食べられるものをつくることが、何よりむずかしい」と話す。

「今だ！と思ったときにすぐに実行しないと、ゲストの病状が悪化して何も食べられない状態になってしまうことも。でも、重度の認知症で色々なことがわからなくなっていても、口からの刺激は残っている場合もあるんです」。ゲストが最期に呼び起こしたい風景が、思い出の味から広がっていく―。それは、今井さん流の回想療法といえる。

今井敦子
（いまいあきこ）

青葉ヒルズ 管理栄養士

病院栄養士を6年半務めた後、企業で介護食品の営業・開発に携わる。2009年に入社。モットーは、「常識にとらわれない美味しい介護食」の提供。

• 藝術部門 •

生命中的藝術是不可缺少

患有認知障礙的客戶女兒，在活動中觀賞了所繪製的作品後，感覺過去對母親不滿的情感糾結已消失：「看了義母的作品後第一次感受到她的心情。」能透過作品所表現的色彩，觀察客戶各方面觀察的身心狀況，這就是藝術有趣的地方。

藝術部門在機構裡扮演著特別的角色，「猶如專家所說的真正的治療」。「熱情的關懷 ＝ 治療身心，誠心誠意的照護」是龍岡會的服務精神，在大學裡看到「招募從藝術的角度來進行照護」的徵人廣告後我馬上飛奔來面試。原本就考慮要走照護這條路，但就讀藝術大學的背景能夠活用自身所學的機會並不多，且在照護機構裡採用這一類的治療，通常都是從外面邀請治療師的狀況居多，幾乎沒有採用正職的方式，更不用說是非營利組織的龍岡會了，但即便不是營利民間組織，龍岡會卻依然提供給客戶最好的服務。入住的客戶要求的是食衣住等基本服務，而我們會視個人情況給予治療，以製造好心情為重點，將可促使身體各個方面更加活性，並按部就班地把每個目標依據制定的規劃來實施。這麼做的目標是希望幫助客戶提高注意力並重拾信心。藝術扎根於生活才能使心靈達到進一步的升華，讓內心產生富足感是龍岡會最引以為傲的部分，也是同仁們最值得驕傲的服務。

藝術部門的活動分成「美術」與「音樂」兩個區塊，每位客戶都有專屬的照護職員陪同，每天約 1~1.5 個小時的活動、有三個方案進行，同時會仔細觀察客戶的種變化並進行記錄。每個方案人數從個人到十人以上團體，規劃各式各樣的娛樂活動，尤其是在音樂方面，非常注重個別療法。龍岡會以生活的角度來實踐各個治療方針，並與家屬和照護經理一同觀察客戶和照護職員的整體互動與恢復過程。例如：失語症很難使用語言表達，卻可以透過歌唱並結合音樂的旋律練習「早安」，與照護職員的互動能夠順利地從日常的問候建立連結。在此之後的課題會是，在還沒有以科學為後盾的藝術領域中證明有其實際治療效果。藝術活動在認知障礙協會舉辦、音樂治療等相關研究在音樂療法學會舉辦、音樂研究則是在世界大會舉行，每三年舉辦一次。

「Care Science® = 照護是一門科學」，未來龍岡會會持續向外界積極的證明，照護生活中需要藝術的伴隨是多麼重要的訊息。

ISHIKAWA ATSUKO
石川溫子

龍岡會藝術部部門經理

2008 年於多摩美術大學油畫科畢業，以曾經是由爺爺奶奶照顧成長的孩子為契機，任職至今。「想讓藝術能夠連結於社會的理念並推廣至全世界」。

● アート部の取り組み ●

人生にアートは欠かせない

「作品を見て、はじめて義母の気持ちが見えた気がします」。認知症のゲストがプログラムで描いた絵を見て、過去のわだかまりが消えたと話す娘さん。「作品に表現されたリズムや色彩から、ゲストを多角的に見ることができるのは、アートの面白いところです」。アート部長の石川温子さんが穏やかに答えた。アート部の活動は、施設の中で特別な存在。"専門家による本格的なセラピー"は、龍岡会のサービス精神「ハーティケアー ＝ 心が癒される、誠心誠意のケアー」を支えている。

「"美術の視点からケアーをしてくれる人を募集します"。大学に張り出された求人広告を見つけて、飛びつきました。元々介護の道に進もうと考えていたのですが、美術大学で学んだ知識も活かせるなんて、めったにないチャンスですから」。たしかに、介護施設で本格的なセラピーを行うときは、外部からセラピストを呼ぶことが多く、常勤で採用するケースはあまり例がない。しかも、お金を集めて手厚いサービスが提供できるような民間企業ではなく、龍岡会は非営利団体だ。「入居された人がまず求めるものは、衣食住のケアー。私たちは、身体面の活性化を図るリハビリとも少し異なり、気持ちの活性化が中心の活動です。きちんと目標を立てて段階的にプログラムを実施していくことで、ゲストの集中力を高めたり自信回復を図ります。生活に根ざしたアートだからこそ、心が豊かになり、暮らしに潤いが生まれる。龍岡会独自のこの取り組みを、私たちスタッフも誇りに感じています。」

アート部の活動は、美術と音楽の2つの領域に分かれている。それぞれ専属スタッフが一日1〜1.5時間枠のプログラムを3つ程度実施し、ゲストの変化や上達を記録に残す。プログラムは、個別対応から10人以上の集団レクリ

エーションまで様々。とくに音楽では、個別療法に力を入れている。「暮らしの視点からセラピーを実施できるのは、龍岡会ならでは。ご家族やケアマネージャー、フロアーのケアスタッフと目標を共有して、回復過程を観察していきます。例えば、失語症で言葉を発することがむずかしいけれど歌うことはできる、というゲストには、メロディーにあわせて"おはよう"の歌唱練習からスタート。その内容を、ゲストのそばにいるケアスタッフと共有することで、普段の挨拶へとスムーズにつなげていくことができるのです」。これからの課題は、科学的な裏付けが少ないアートの世界で、セラピー効果をevidence（証明）していくこと。

「美術のアクティビティは認知症ケア学会で、音楽セラピーは音楽療法学会でそれぞれ発表を行っていて、音楽の研究発表は、3年に1度開催される世界大会で発表しました。龍岡会のポリシーのひとつに「"CareScience ＝ 介護を科学すること"」という言葉があります。暮らしに寄り添うアートの大切さを証明するため、これからも外部に向けて発信していきたいですね。

石川温子
いしかわあつこ

龍岡会 アート部部長

2008年に多摩美術大学油絵科卒業後、おばあちゃん・おじいちゃんっ子だったこともあり、現職に就く。「アートで社会とのつながりを、もっと広げていきたい。

● 藝術部門 ●

大型飯店舉辦展覽會

在大型飯店曾經舉辦過兩次的作品發表會，對客戶或職員來說，都是留下了相當深刻的回憶。

「1998 年在大倉久和大飯店舉辦的發表會，日本上皇后美智子蒞臨會場，在當時是件非常罕見的事，會場人數逾 1,000 人共襄盛舉。期盼著能夠讓其他照護機構參考，並強烈希望各界能夠注意到照護產業，盼望其活躍的時代到來。」（大森先生）

2011 年在帝國大飯店舉辦第二次發表會，藝術部門的職員們非常的活躍。龍岡會收集來自全機構客戶們所製作，且風格不同、有個性的作品，並以藝術創作的形式展示於會場各個地方。藝術部門的石川小姐懷念的說道：「那時最珍貴的成就感，是讓那些平常無法探視的家屬也能夠一同欣賞作品。」

當時每位來拜訪會場的人們目光都被作品吸引住「看著感到十分滿足，這半年來的準備工作真的值得了（笑）。」好的藝術能夠流傳下來「作為一名引導客戶的專家，隨著客戶的年齡增長不知何時會離世，正因也不能預知哪一件會成為最後的作品，所以此瞬間才令人感動。」

整理客戶所生活的紀錄，看著跨越100個年頭的照片年表「共同生活在機構的客戶，初中時代在同一片土地生活後獨自離開東京，此後一直單獨生活，越過種種人生關卡後再次於龍岡會結緣。能將人與人的緣分看的如此清楚是多麼令人感到有趣的一件事。」（石川小姐）

● アート部の取り組み ●

大手ホテルでの展覧会

過去2回ほど大手ホテルで開催した展覧会は、ゲストにとってもスタッフにとっても、思い出に残る一大イベントだった。

「1998年にホテルオークラで開催された展覧会は、お忍びで皇后陛下美智子様が来られました。当時では珍しい取り組みだったので、新聞に取り上げられたのです。

会場は1,000人以上の来館者で大賑わい。他の介護施設の見本になれたら、という思いもありました。日の目を見ない介護業界の活性化を、強く願っていた時代のことです。」(大森さん)

2011年に帝国ホテルで開催した2度目の展覧会では、アート部のスタッフが大活躍。龍岡会全施設のゲストの作品を集めた結果、個性豊かな芸術品が会場を飾った。

「このとき大切にしていたのは、普段なかなか面会に来られないご家族も巻き込んでみんなで達成感を味わうこと」。そう懐かしそうに話す、アート部の石川さん。

当日は、会場を訪れる人が目を輝かせて作品を眺めている姿に大満足。「半年かけて、準備した甲斐がありました(笑)」。

アートのよいところは、"形に残せること"と石川さん。「忘れがちだけど、ゲストは年齢的に死に近いところにいる。いつ最期の作品になってしまうかわからないからこそ、今この瞬間にどれだけ感動できるか、それを専門家として導いていきたい」。

ゲストの生きた記録を一覧にまとめた、100年にわたる写真年表。「施設で生活を共にしているゲストが、中学時代は同じ土地で暮らし、その後、ひとりは東京を離れ、ひとりはずっとそこに残り。それ習れの人生がクロスして、再び龍岡会で縁を結ぶ。人のつながりが目で追えるので面白かったです。」（石川さん）

• 醫療相關方面 •

支持這城市生活的診療所

老人照護中心不是醫療的場所而是生活場所，客戶們才是生活的重心，支持著照護中心的是照護員和護理師。石川瑞惠醫師既是「龍岡」的設施長也是「大森醫院」的院長，擁有家庭醫師及設施長兩種身分的石川醫師每天都十分忙碌，在大森醫院進行問診，也至各個家中做居家醫療，而後再回到「龍岡」機構看診。在這個區域有不少人是經過大森醫院的診斷後進入「龍岡」照護設施，並經過一段時間的復健後再回到自家休養。

昭和時期的診療所至今能保有原先樣貌，大森醫院的存在是地區性綜合照護系統的核心。但若只有石川醫師一個人，無論體力或時間都是無法負擔的，所以「龍岡」的存在可以提供認真照護的職員，也可讓客戶感到安心。從諮詢業務、復健到照護，龍岡團隊都是專業的。作為設施長的工作則是負責完成最終成果，與醫療院所不同的地方是：只要是對客戶有利的，沒有什麼事情是不可能的。職員能獨立判斷並依照自身的想法去做，讓他們覺得這份工作是有意義的，並在快樂的職場環境下任職，相信客戶也會因此有相同的好心情。在「龍岡」醫師的職責並非進行治療，而是在必要時能夠引領出最佳方針。

ISHIKAWA MIZUE
石川瑞惠

大森醫院院長
龍岡介護老人保健設施設施長

日本醫科大學醫學部畢業的醫學博士，曾任婦產科醫師。於2000年在淺草，擔任設施長。在大森理事長的父親過世後繼承「龍岡」設施長和大森醫院院長。

● 医療への取り組み ●

暮らしを支える町の診療所

「老人保健施設は、"治療の場"ではなく"暮らしの場"に近い。だから、暮らしの主役はゲストで、暮らしを支えるケアーの中心は、介護士や看護師のスタッフです。」

そう話すのは、「龍岡」の施設長であり、「大森医院」の院長でもある石川みずえ医師。ホームドクター「家庭医」と「施設長」の2つの顔を持つ石川医師の一日は慌しい。大森医院で外来診療を行い、近隣の家へ訪問診療に向かう。それに加えて、「龍岡」の回診もある。この地域では、「大森医院」で診断を受けて「龍岡」に入所する人もいれば、「龍岡」でリハビリを終えて自宅に戻り、「大森医院」に通う人もいる。

昭和初期の診療所の姿を今も守っている「大森医院」の存在が、「地域包括ケア」の要となっているのだ。体ひとつでは足りないようなスケジュールをこなす石川医師。だが、「『龍岡』のことは、現場のスタッフがしっかりゲストを見ているから安心している」という。「相談業務、リハビリ、ケアーなど、ここのスタッフは専門家の集団です。だから、施設長としての私の仕事は、"最終的に責任を持つこと"。ゲストにとって前向きなことあれば、ダメなことは何ひとつとしてないのが医療現場とは違うところ。だから、スタッフは各自で判断をして、自由に動いて欲しいと思っています。スタッフがやりがいを持ち、笑顔で働く職場であれば、ゲストも笑顔になる。『龍岡』での医師としての役割は、治療ではなく、必要なときに道しるべになることなのです」。

<small>いしかわ</small>
石川みずえ

大森医院院長
龍岡介護老人保健施設施設長

日本医科大学医学部卒業。医学博士。産婦人科医を経て、2000年「浅草」の施設長に就く。大森理事長の父が亡くなった後、「龍岡」の施設長と大森医院を引き継ぐ。

● 職員的海外研習 ●

五感中學習

有過海外留學經驗的大森先生帶領職員們參觀國外的照護機構，希望能夠透過國外文化的接觸來增廣見聞及提升人文素質，同時帶來更好的照護服務。「每年差不多有8名職員參加，從行程安排到聯絡當地司機與口譯員皆由我一包辦，曾有9天內前往挪威、瑞典、丹麥、英國、德國5個國家的經驗。」白天參觀機構的各個細節，晚上則是進行感想會議，讓你感受一套非常充實的行程，設計這樣的教育訓練是希望留下更多的回憶。「最初是在1998年時因工作交流派了一名職員到外地，該國也同樣的派一名職員前來，但語言障礙還是主要的瓶頸，而現在我則率領著職員讓他們能夠一同參與。」每年歡迎龍岡會職員們的寄宿家庭夫婦的丈夫過世後，帶著幾位熟識的職員們前去悼念，並聊聊往事。從當地回來的職員總說：「很努力學習的關係，體力稍嫌跟不太上，但理事長卻總非常的有精神（笑），浮現出對教育的熱誠，積極的想把學術性的知識結合在一起。」

・2012年參訪丹麥JJW建築事務所設計的老人安養中心
・在日照時間短的北歐享受每天下午茶曬日光浴的時光

● スタッフの海外研修 ●

五感で学ぶ

海外留学を経験した大森さんによる、スペシャル研修。それは、スタッフたちと一緒に、外国の介護施設を見学すること。大森さんは、海外文化にふれることが情操教育やスタッフの見聞を広め、よいケアーにつながると考えている。「毎年8名ほどスタッフを連れて行きます。見学先のアポ取りから現地の運転手、通訳まで、すべて私がアテンド。ノルウェー、スウェーデン、デンマーク、イギリス、ドイツ、と9日で5カ国巡ったこともありますよ」。日中は見学、夜はみんなでミーティングという、目が回るようなハードスケジュール。手づくり感満載の研修は、いつも多くの思い出を胸に刻んだという。「最初に実施したのは1998年。ワーキングエキスチェンジとして、スタッフをひとり現地に送り込み、その国からひとりスタッフを迎え入れる。海外で働く経験をしてもらいました。でも、言葉の壁がネックになってしまい、今は私が引率して、みんなで行くようになりました」。毎年ホームステイでお世話になっているご夫婦のご主人が亡くなったときは、「ご主人のお墓参りと、ひとりになってしまった奥様と思い出話を語ろう」と、縁のあるスタッフたちを誘い、訪ねたこともある。「とても勉強になりましたが体力的にはへとへと。一方、理事長はずっと元気で目をキラキラさせてアテンドしてくれました（笑）」とは、研修から帰国したスタッフ談。「アカデミックなことに力をいれたい」と語る、教育熱心な大森さんのガイド姿が目に浮かぶ。

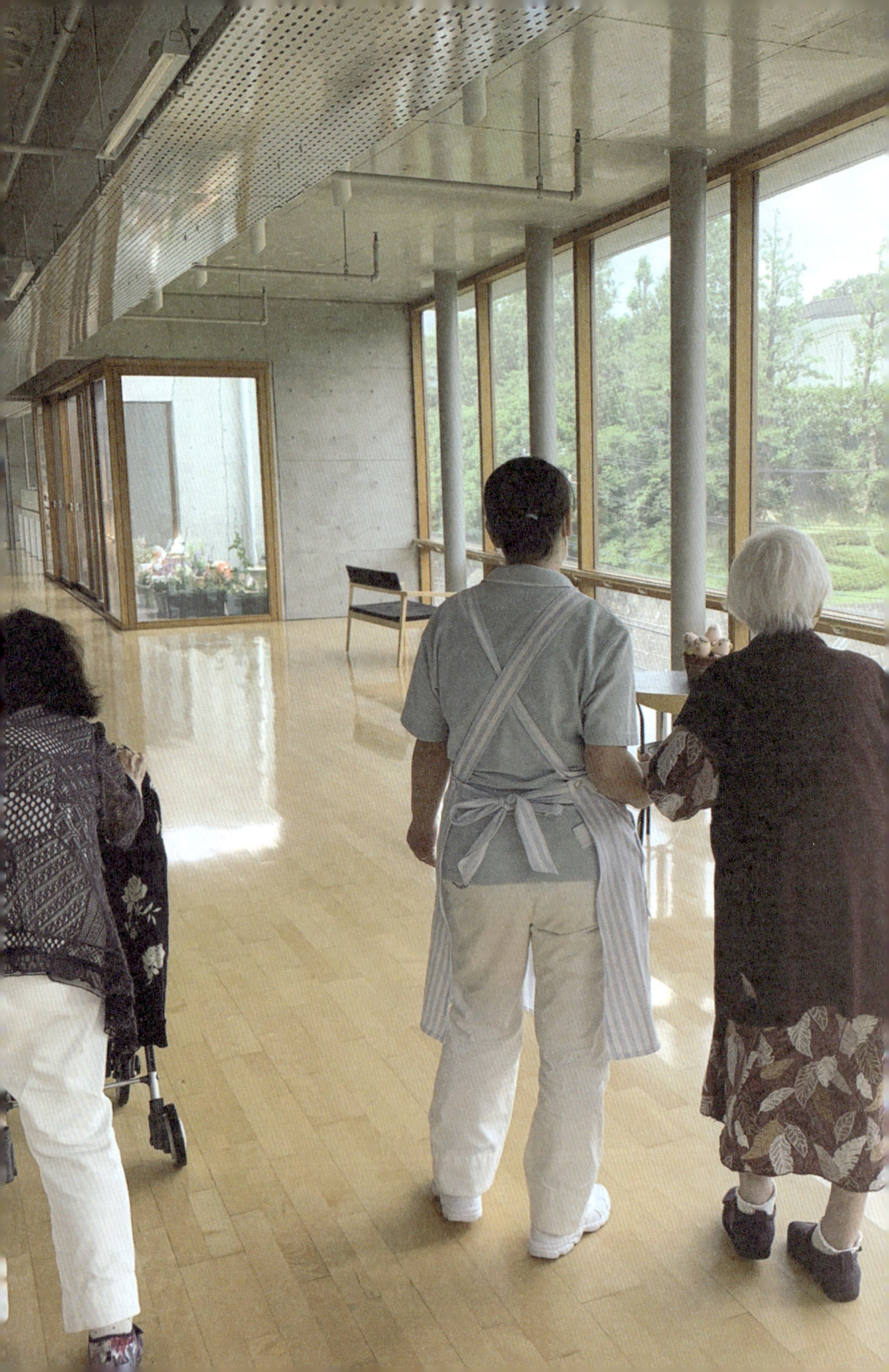

Chapter 4　設施介紹

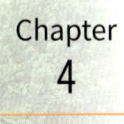

龍岡老人照護中心
淺草老人照護中心
櫻川老人照護中心
神石老人照護中心
千壽老人照護中心
千壽護理之家
早稻田護理之家
青葉之丘（特別養護老人之家）
The 番町 House・番町集體之家
小石川複合設施

龍岡老人照護中心
龍岡介護老人保健施設

電車山手環內線第一個老人保健設施在東京都成立,也是當初龍岡會在文京區湯島的設立地。離綠意盎然的東京大學以及上野公園很近,生活環境舒適清幽,上述的因素都有利於身心靈的復健。

山手線環内にはじめて設立された都市型の介護老人保健施設。龍岡会創立の地である文京区湯島にあり、緑あふれる東京大学や上野公園にほど近く、静かな環境。生活そのものがリハビリテーションとなるよう、施設のつくりやプログラムなどに配慮がなされている。

龍岡老人照護中心

服務人數（包含短期）：100 名
復健服務人數：50 名
設施：四人房／兩人房／單人房
113-0034 東京都文京區湯島 4-9-8
TEL：03-3811-0088

A. 外觀　B. 大廳　C. 浴室　D. 4 人房　E. 餐廳

淺草老人照護中心
淺草介護老人保健施設

位於淺草寺不遠並連接著便利的街道,可以從大露臺及屋頂欣賞淺草的三社祭和隅田川的煙火表演。使用木製建材的設施,能提供溫和明亮的內部空間營造出日常居家氛圍。

―

浅草寺に近く、アクセスに便利な街中にある施設。大きなテラスや屋上からは、浅草三社祭や隅田川の花火大会などを楽しめる。木のぬくもりを活かした明るい印象の内装ゲストやリハビリテーション利用者は、日常の暮らしに近い感覚で過ごすことができる。

淺草老人照護中心

服務人數（包含短期）：100 名
復健服務人數：40 名
設施：四人房／三人房
111-0042 東京都台東區壽 4-8-2
TEL：03-5806-0088

A.外觀　B.復健室　C.寢室
D.餐廳　E.浴室

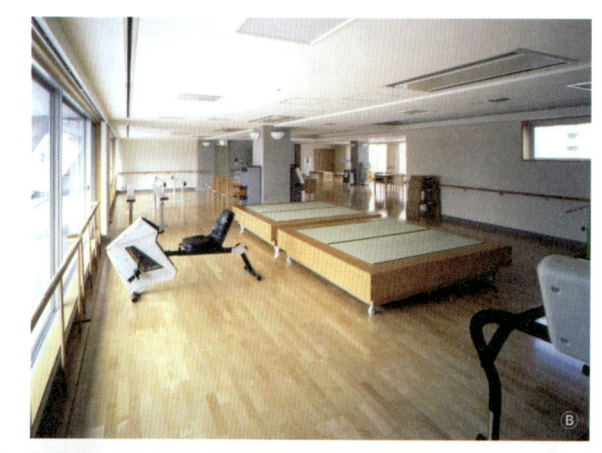

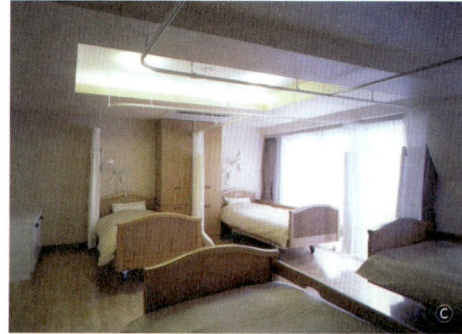

櫻川老人照護中心
櫻川介護老人保健施設

該設施坐落在隅田川對面，綠蔭圍繞，煦煦陽光能夠透過大窗戶照射進來，可以感受著季節的變化，也可以欣賞櫻花及煙火表演等。每一個場所都配有廚房，以提供有如家庭般的照護，訴求尊重客戶自主性及強調居家生活的舒適性。

隅田川を臨む場所に位置し、周囲を緑に囲まれた施設。大きな窓からは明るい光が差し込み、お花見や花火大会を楽しむなど、季節を感じながら過すことができる。それぞれにキッチンを備えたユニット式の設えで、ゲストの自主性と快適性を尊重する家庭的なケアーをおこなっている。

櫻川老人照護中心

服務人數（包含短期）：152 名
復健服務人數：30 名
設施：四人房
131-0034 東京都墨田區堤通1-9-8
TEL：03-5630-0088

A.外觀　B.復健室　C.寢室　D.廚房用餐區

Chapter 4 設施介紹

神石老人照護中心

服務人數（包含短期）：123 名
復健服務人數：36 名
設施：四人房／單人房
177-0044 東京都練馬區上石神井 3-33-6
TEL：03-3594-0088

A. 外觀　B. 大廳　C. 寢室　D. 復健室
E. 四人房　F. 浴室　G. 庭院　H. 餐廳

神石老人照護中心
神石介護老人保健施設

此機構最大特色，便是位於保有過去綠意盎然的森林，能夠悠閒的享受在石神井公園豐富的自然造景。在鄰近東京都交通便利處能夠感受到季節的四季交替，體驗與大自然的共存，能利於提供每一位客戶最好的照護環境。

武蔵野の面影を深く残す石神井に位置し、石神井公園の豊かな緑を感じながらゆったりと過すことができる。都心に隣接したアクセスのよさと、季節のうつろいを感じられる自然とが共存した恵まれた環境でそれぞれのゲストのペースに寄り添うケアーをおこなっている。

Chapter 4 設施介紹

千壽老人照護中心
千壽介護老人保健施設

以前這裡被稱作千住宿，日光及奧州街道在江戶時代是當代最繁榮的驛站。擁有令人印象深刻的大窗戶，以及明亮開放的空間設施，每層樓都有廚房和寬廣的用餐室，能夠感受到家庭般溫馨的氣氛。

かつて千住宿とよばれ、江戸時代には日光街道・奥州街道の一番目の宿場として栄えた地域に建ち、大きな窓が印象的な、明るく開放感のある施設。フロアーごとにキッチンを備えた広々としたダイニングルームを配し、家庭的な雰囲気で食事をすることができる。

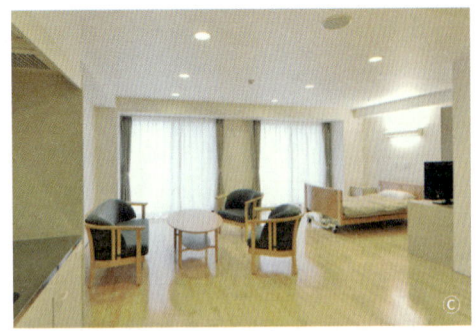

千壽老人照護中心

服務人數（包含短期）：148 名
復健服務人數：36 名
設施：四人房／兩人房／單人房
120-0035 東京都足立區千住中居町 29-6
TEL：03-5284-0088

A.外觀　B.大廳　C.特別房
D.單人房　E.浴室　F.餐廳

千壽護理之家

千壽グループホーム

在如家庭般的氛圍中，我們照顧認知症患者，使他們能夠有尊嚴的生活。在這裡生活時，每個人都認爲打掃、洗服和準備飯菜是理所當然的。天氣好的時候，可以去散步或與一群志同道合的人聊天。可以在客廳裡度過熱鬧的時光，也可以在自己的房間裡度過安靜的時光。我們希望在工作人員親切的目光和熱情的支援下，顧客在千壽的生活將像在自己家裡一樣安心。

家庭的な雰囲気のなかで、認知症の方がその人らしく生活するためのケアーをいたします。うちで過ごすとき、誰もが当たり前に行っている掃除、洗濯、食事の支度。天気が良ければ散歩に出たり、気心の知れた仲間とおしゃべりをしたり。リビングで賑やかに過ごすもよし、自分の部屋で静かに過ごすもよし。スタッフの優しい眼差しと温かい援助の手で、千壽での生活がわが家にいるような安心感のある暮らしとなるよう願っています。

千壽護理之家

服務人數:18 名
120-0035 東京都足立區千住中居町 30-3
TEL: 03-3879-0088

A.外觀　B.寢室　C.餐廳　D.客餐廳
E.廚房　F.浴室　G.庭院

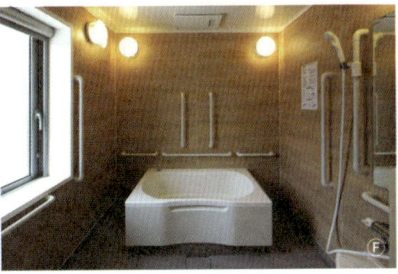

Chapter 4 設施介紹 129

早稻田護理之家

ワセダグループホーム

讓罹患認知障礙的客戶能保有尊嚴的生活所誕生的設施。透過與家庭一般的日常，如掃除、洗滌、準備飯菜，以及散步等，間接地提升客戶的安全感。這裡還設有家庭風格的起居室及飯廳還有浴室，職員們可爲客戶提供溫馨照護的服務。

認知症のゲストが、その人らしく生活できるよう配慮された施設。掃除や洗濯、食事の支度、散歩など、家庭と同じような日常生活を送ることで、ゲストの安心感を高めている。家庭的なスケールのリビングや食堂、浴室を備え、スタッフたちの温かいケアーが受けられる。

早稻田護理之家

服務人數：9 名
162-0041 東京都新宿區早稻田鶴卷町 519-3
TEL：03-5292-0088

A.外觀　B.客廳　C.浴室　D.寢室　E.餐廳

青葉之丘（老人養護中心）
青葉ヒルズ（特別養護老人ホーム）

是龍岡會於2007年12月所設立的第一所社會福祉法人機構，坐落於鬱鬱蔥蔥的丘陵地，外觀及室內皆使用大量的天然木材，使機構得與周圍環境融爲一體。這裡以十個房間爲單位，以家庭氛圍般的服務爲主體。

2007年12月に設立した社会福祉法人龍岡会によるひとつ目の施設。緑豊かな丘陵地にあり、外観インテリア共に天然の木材を多く使うことで周囲の環境に溶け込む施設となっている。10室ごとにユニットを構成し、家庭的な雰囲気のケアーを行っている。

青葉之丘（老人養護中心）

服務人數：120 名
短期照護：20 名
照護服務：10 名
設施：單人房
227-0033 神奈川縣橫濱市青葉區
　　　　　鴨志田町1260
TEL：045-961-0088

A.外觀　B.正面　C.大廳　D.餐廳
E.浴室　F.復健室　G.寢室

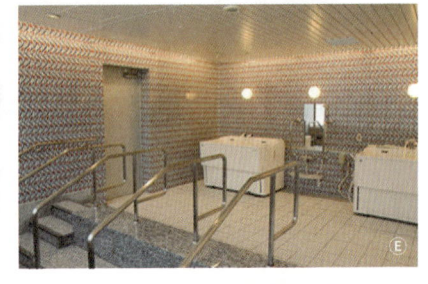

The 番町 House・番町集體之家

ザ番町ハウス。番町グループホーム

本番町長照機構位於皇居和千鳥之淵、東宮御所等大都會東京的中心位置，周邊蒼綠環繞，聚集著悠久歷史的名校學府，更是擁有許多文豪與文化名人的舊居所，同時也是吸引眾多仰慕者朝聖的景點。番町長照機構處於東京都中心，雖然位處於如此精華地段，我們仍可很自豪說它提供了生活中許多所不可或缺的服務。

皇居や千鳥ヶ淵、東宮御所などの緑に囲まれながら、東京の中心に位置する番町。長く歴史を刻む学校が集まり、文豪たちの旧居住地が点在するこの地は、多くの人を惹きつける魅力に満ちています。都心にありながら誰もが身近に感じることのできる施設として、誇りある生活のお手伝いをいたします。

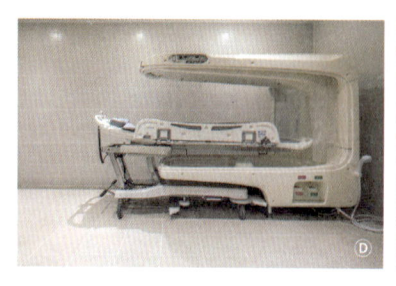

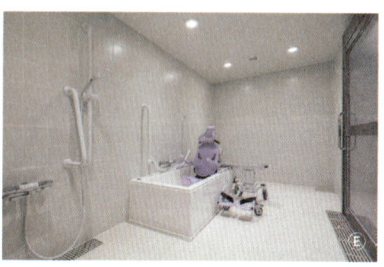

The 番町House・番町集體之家

服務人數：108 名
短期照護：12 名
照護服務：18 名
102-0084 東京都千代田區二番町7-6
Tel. 03-3238-0088（ザ番町ハウス）
Tel. 03-5213-0088（番町グループホーム）

A.外觀　B.露台餐廳　C.戶外露台　D.入浴設施
E.浴室　F.廚房食堂　G.交流廳　H.寢室

Chapter 4 設施介紹　135

小石川複合設施
小石川ヒルサイドテラス

在養護長照中心的起居室內,每11個房間都各自有一個獨立家庭的氛圍,並附有廚房,每個空間是每天日常生活中心的場所,就如同家中起居室的空間,由可信賴及和藹可親的職員擔任居住者的照護服務。獨立個別房間中有著明亮的大窗戶,卻是可保有個人隱私、完全享有原生活方式的獨立空間,房間內的窗框、地板和傢俱都使用天然的原木,營造可安心療癒放鬆的居住空間。社區交流的區域,則可作為提供當天往返的日照中心和實施復健的寬敞舒適空間,也可作為多人聚集,舉辦演唱會和各式休閒娛樂活動的場所。

特養居間:11室ごとに、ひとつのまとまりである家族的なユニットを構成し、それぞれにキッチンを備えています。ユニットは日々の暮らしの中心となる生活の場であり、家庭でいえばリビングダイニングのような空間です。気心の知れたスタッフが皆様のケアーを担当します。個室:大きな窓の明るいお部屋は、プライバシーを守りながらひとりひとりの暮らし方を継続できるよう、全室個室です。窓枠や床、家具に天然の木材を多く使用した室内は、心の落ち着く、ほっとする居住空間です。地域交流スペース:日帰りのデイサービスやリハビリテーションを行う広いスペースです。大人数が集まるレクリエーションやイベントも行われます。

小石川複合設施

長照護理之家：99 人
短期入住安養中心：11 人
失智症日照中心：10 人
112-0003 東京都文京區春日 2-4-8
TEL：03-5804-0088

A.外觀　B.交誼廳　C.起居室
D.寢室門口　E.單人房

本書得以付梓出版呈現在國人面前,非常感謝華藝學術出版蔡旻真編輯等團隊的細心和耐心的校正和編輯,在此致上我最誠摯的謝意。

國家圖書館出版品預行編目（CIP）資料

日本長照堅持的服務 / 大森順方作；楊佩蓉，蔡政洲翻譯. -- 新北市：華藝數位股份有限公司學術出版部，2022.12
　　面；　公分
譯自：龍岡会の考える介護のあたりまえ
ISBN 978-986-437-201-0（平裝）

1.CST：長期照護　2.CST：機構式照護服務　3.CST：日本

419.712　　　　　　　　　　　　　　　111016903

日本長照堅持的服務

龍岡会の考える介護のあたりまえ

| 作　　　者 ／ 大森順方 |
| 監　　　修 ／ 張瑞雄 |
| 翻　　　譯 ／ 楊佩蓉、蔡政洲 |
| 責任編輯 ／ 蔡旻真 |
| 封面設計 ／ 林語揚、張大業 |
| 版面編排 ／ 許沁寧 |

發 行 人 ／ 常效宇
總 編 輯 ／ 張慧銤
業　　務 ／ 陳姍儀

出　　版 ／ 華藝數位股份有限公司　學術出版部（Ainosco Press）
　　　　　　地址：234 新北市永和區成功路一段 80 號 18 樓
　　　　　　電話：(02) 2926-6006　傳真：(02) 2923-5151
　　　　　　服務信箱：press@airiti.com

發　　行 ／ 華藝數位股份有限公司
　　　　　　戶名（郵政／銀行）：華藝數位股份有限公司
　　　　　　郵政劃撥帳號：50027465
　　　　　　銀行匯款帳號：0174440019696（玉山商業銀行 埔墘分行）

　　ISBN ／ 978-986-437-201-0
　　 DOI ／ 10.978.986437/2010
出版日期 ／ 2022 年 12 月
定　　價 ／ 新台幣 650 元

版權所有・翻印必究
（如有缺頁或破損，請寄回本公司更換，謝謝）